KODY WDZIĘCZNOŚCI

GRZEGORZ JASZEWSKI

Redakcja: Joanna Sosnówka
Korekta: Anna Gajowniczek
Skład i łamanie: InkWander
Projekt okładki: InkWander

ISBN: 9788396928160

Limitless Mind Publishing Ltd
15 Carleton Road
Chichester
PO19 3NX
England
Tel. +44 7747761146
Email: office@limitlessmindpublishing.com

Drogi Czytelniku!

*Znajdź nas na **Facebook/Instagram**:*
limitless mind publishing

*Odwiedź naszą stronę na **Amazon***
wpisując w wyszukiwarkę limitless mind publishing
lub skanując kod, aby zobaczyć nasze inne pozycje.

♥Będziemy bardzo wdzięczni za Twoją opinię na temat książki. To znaczy dla nas wiele.

Dedykacja

Z uśmiechem na twarzy i łezką radości,
Pragnę wyrazić słowami głębię mojej wdzięczności za wszystko, czym
jesteście i wszystko, co wnosiłyście, wnosicie i wniesiecie w mój świat
i przestrzenie.

Wasza miłość, przyjaźń i wsparcie są, były i będą stałym źródłem ener-
gii i światła w moim życiu, a Wasz uśmiech rozgrzewa moje serce ra-
dością.

Wasza energia zachęca mnie do osiągnięcia mojego najwyższego po-
tencjału i poszukiwania nowych poziomów kreatywności.
Wasza pomoc jest zawsze nieoceniona, a nasze wspólne chwile są księ-
gą niezliczonych przygód.

Co najważniejsze, Wasze serca pokazują mi miłość, której nigdy nie za-
pomnę.

Dziękuję, że jesteście tymi, którymi jesteście - mocnymi, odważnymi,
życzliwymi, współczującymi, pięknymi duszami, które wnoszą tyle
piękna i radości w moje przestrzenie.

Wasza obecność jest inspirująca i dziękuję Wam za to, że jesteście la-
tarnią światła w moim biegu po zakamarkach codzienności.

Z niekończącym się podziwem i uznaniem, dla cudownych Istot i ener-
gii i wszystkich ich postaci i form zawartych w kreacji i słowie Kobie-
ta.

- Grzegorz

ZAPROSZENIE

Na skrzyżowanie dnia i nocy, nieba i ziemi, stoi drzewo będące pomostem między początkiem a nieskończonością, które ma moc obudzenia prawdziwego potencjału.

To wrota do Kodów Wdzięczności, gdzie mówi się, że przy właściwych intencjach wszystko jest możliwe. Wśród szeleszczących liści i wysokich gałęzi tego majestatycznego drzewa wije się nieuchwytna ścieżka, która może przenieść Cię w inne wymiary.

(Nieznana) legenda głosi, że uczestnicząc w poście i kontemplacji u stóp tego świętego drzewa, można odkryć ich prawdziwe przeznaczenie i pobudzić ich moc.

To podróż w czasie, która ma nakreślić historię Twojego życia i zainspirować Cię do kształtowania swojej przyszłości z największą gracją i luksusem. Niech Kody Wdzięczności poprowadzą Cię do Twoich marzeń, ponieważ z pewnością pod ich zwietrzałą korą kryje się świat obfitości czekający na tych, którzy są gotowi do jego odkrycia.

Zapraszam w podróż!

WYŁĄCZENIE ODPOWIEDZIALNOŚCI

Napisałem ten zbiór wyłącznie w celach informacyjnych, jednak dołożyłem wszelkich starań, by był kompletny i jak najdokładniejszy. Dlatego ta książka powinna być używana jako przewodnik — a nie jako ostateczne źródło.

Celem tego zbioru jest edukacja. Autor i wydawca nie gwarantują, że zawarte w nim są w pełni kompletne, a ponadto nie ponoszą odpowiedzialności za żadne błędy lub pominięcia. Autor i wydawca nie ponoszą odpowiedzialności wobec żadnej osoby lub podmiotu w związku z jakąkolwiek stratą, lub szkodą wyrządzoną lub rzekomo spowodowaną bezpośrednio lub pośrednio przez tę książkę.

DLA KOGO? DLACZEGO PO CO?

Kto może skorzystać i do kogo skierowane są Kody Wdzięczności:

• osoby z diagnozowanymi lub stwierdzonymi stanami zachwiań emocjonalnych i nerwowych, depresji, osamotnienia, wykluczenia oraz braku akceptacji siebie i swojego otoczenia,

• trenerzy rozwoju, którzy chcą pomóc klientom doświadczyć wielu korzyści płynących z Wdzięczności,

• autorzy, którzy piszą o samodoskonaleniu, ponieważ mogą wykorzystać zawartą w książce wiedzę do pogłębienia swojej świadomości o poprawie samopoczucia poprzez uznanie,

• blogerzy zajmujący się zdrowiem i dobrym samopoczuciem, ponieważ zbiór ten pomoże poszerzyć obszar tematów do dyskusji o różnorodne treści, które zainteresują czytelników.

• mówcy i trenerzy, którzy mogą wyciągać wnioski i przykłady z tej treści, aby zilustrować lepsze samopoczucie dzięki Wdzięczności,

• doradcy i terapeuci, którzy mogą współpracować ze swoimi pacjentami, aby wyjaśnić wyzwania spowodowane brakiem Wdzięczności, i zaoferować rozwiązania pozytywnie wpływające na życie swoich pacjentów,

• osoby pragnące obudzić radość, szczęście i zdrowie w swoim życiu.

Jak Kody Wdzięczności mogą Ci pomóc?

• Stworzysz nagrodę pozytywnych zmian w swoim życiu,
• poznasz kreatywne sposoby okazywania Wdzięczności bliskim,
• wyćwiczysz wzmacnianie wartości Twojego życia za pomocą

Wdzięczności,

• dowiesz się, jak czuć Wdzięczność w trudnych sytuacjach,

• podniesiesz swój nastrój dzięki strategiom budowania Wdzięczności,

• poświęcisz czas na zastanowienie się nad tym, co masz, i to zaczniesz pielęgnować,

• lepiej zrozumiesz zalety Wdzięczności i to, w jaki sposób mogą one uczynić Twoje życie bardziej satysfakcjonującym.

WPROWADZENIE

William Arthur Ward powiedział kiedyś:

„Wdzięczność może przekształcić zwykłe dni w czas dziękczynienia, zmienić rutynowe prace w radość i zwykłe możliwości w błogosławieństwa".

Co oznacza Wdzięczność?

Wdzięczność jest cechą, mentalną postawą bycia całkowicie wdzięcznym za wszystkie dary, które przynosi Ci uczestniczenie tu i teraz, a także za gotowość docenienia i pomoc innym. Jest obudzeniem w sobie możliwości dostrzegania oraz zastanawiania się nad wszystkimi rzeczami, którymi zostaliśmy obdarowani, oraz ludźmi, którzy nas otaczają. Wdzięczność jest jednym z podstawowych kluczy do szczęśliwego i dostatniego życia. Gdy okazujesz Wdzięczność za to, co masz, jesteś zadowolony ze swojego życia i wszystkich pozytywów, które ma do zaoferowania. Bez względu na okoliczności, zawsze jest coś, za co możesz być wdzięczny. W rzeczywistości badania przeprowadzone przez Roberta A. Emmons Michaela E. Mccullough wykazały, że przeżywanie pozytywów zwiększa komfort chemii mózgu, co daje potężną energię zarówno dla zdrowia, jak i relacji (1). Dlatego pozytywy warto programować w sobie i swoim życiu. Stanowią one potężną dźwignię w chwilach wyborów czy zwątpienia.

Jeśli jesteśmy w stanie być wdzięczni za wszystko, co mamy, to otwieramy drzwi do jeszcze większej fortuny, wspaniałych ludzi i obiecujących okazji, możemy w ten sposób widzieć ich więcej na naszej drodze.

„Wędrowcze, nie ma drogi. Wyznaczasz ją, idąc…" Antonio Machado

Jeśli czujesz brak Wdzięczności w swoim życiu i obawiasz się, że może to być pustka, nadszedł czas, aby podjąć działanie i dowiedzieć się, jak możesz rozwinąć Wdzięczność, by doznawać życie, będąc szczęśliwszym. Jeśli obecnie znajdujesz się w trudnej sytuacji życiowej i uważasz, że nie możesz być wdzięczny, to nadszedł czas, aby nauczyć się pielęgnować Wdzięczność i osiągnąć wyższy pułap. Z determinacją i wysiłkiem możesz szybko rozwinąć poczucie Wdzięczności i stać się zadowolonym z siebie i swojego życia człowiekiem.

Możesz zanurzyć się w arkana Wdzięczności i sprawdzić, jakie korzyści może przynieść ci w życiu. Jeśli jesteś gotowy, aby poprawić swoje ogólne samopoczucie i żyć szczęśliwszym życiem, naucz się rozwijać Wdzięczność i osiągnij wyższy poziom.

Wdzięczności, jak każdej umiejętności, można się nauczyć i wypracować jej nawyki. Jeśli chcesz zwiększyć oddziaływanie pozytywów na swoje własne życie, pielęgnowanie postawy Wdzięczności jest na to świetnym sposobem.

WARTO WIEDZIEĆ

Uzyskaj dostęp do kosmicznej mądrości wszechświata i twórz cuda w swoim życiu.

Kroniki Akaszy są nieskończonym źródłem wiedzy, zawierającym każdą myśl i działanie, które kiedykolwiek miało miejsce we wszechświecie. Mówi się, że jest to pole informacji przechowywane na niefizycznej płaszczyźnie istnienia, dostępne dla tych, którzy wiedzą, jak uzyskać do niego dostęp.

Kroniki Akaszy zawierają ogromny zasób starożytnej wiedzy i pamięci, która była przechowywana w mistycznym królestwie od tysięcy lat. Ta zbiorowa uniwersalna świadomość zawiera wszystkie informacje o podróży każdej duszy w czasie, w tym o przeszłych wcieleniach i doświadczeniach. Dostęp do Kronik Akaszy może mieć każdy, kto ma otwarte serce i czysty umysł oraz szczere zaangażowanie w duchowy wzrost i chęć zagłębienia się w głąb własnej świadomości.

Kiedy wchodzisz w energetyczny Królestwo Kronik Akaszy, poświęć kilka chwil na połączenie się z samym sobą i zorientowanie się w chwili obecnej. Wyobraźcie sobie, że wszelkie energie, które mogą zakłócać ten proces, delikatnie się rozpraszają, pozwalając wam być w pełni otwartymi na przyjęcie wszystkiego, co ma zostać ujawnione. Otwórz swoje serce i umysł i zaufaj, że ujawnią się tylko informacje przeznaczone dla twojego najwyższego dobra.

Wizualizuj otaczające cię pole czystego, białego światła, wypełniające cię boską miłością i ochroną. Z każdym oddechem pozwól sobie uwolnić się od strachu lub wątpliwości, które możesz mieć, ufając, że wszystko pójdzie dokładnie tak, jak powinno. Delikatnie poproś strażników Akaszy, aby wspierali cię w dostępie do Zapisów, upewniając się, że wszystko wyjdzie na jaw w sposób, który służy twojemu najwyższemu rozpoznaniu. W razie potrzeby możesz zawsze poprosić o wskazówki podczas tej podróży, zadając sobie samej pytania.

Kiedy uzyskujemy dostęp do Kronik Akaszy, otrzymujemy przywilej dostępu do boskiej prawdy o naszym istnieniu. W ten sposób możemy zmienić nasze życie i zamanifestować marzenia, które kiedyś wydawały się poza zasięgiem.

Kronika Akaszy jest potężnym narzędziem dla tych, którzy starają się odkryć tajemnice wszechświata i opanować sztukę tworzenia własnej rzeczywistości.

Kiedy poczujesz się gotowy, prosząc o pomoc podziękuj strażnikom Akaszy za ich mądrość i obecność. Ofiaruj im wdzięczność za wszystko, co dla Ciebie przygotowali, wiedząc, że zawsze usłyszą twoje zapytania. W końcu nadszedł czas, aby otworzyć Księgę Życia — Kroniki Akaszy — i odkryć starożytne tajemnice.

Połączenie z Kronikami Akaszy pomaga nam pamiętać, kim naprawdę jesteśmy i dlaczego tu jesteśmy. Kiedy uczymy się uzyskiwać dostęp do jego mocy, poznajemy nasze prawdziwe ja i odkrywamy nasz cel na tej ziemi. Poprzez Kroniki Akaszy mamy moc tworzenia trwałych pozytywnych zmian w naszym życiu osobistym i zbiorowym. Kroniki Akaszy nazywane są też 5 Elementem czy Polem Informacyjnym klucz do ich bram jest w tobie więc podróżuj do woli i ciesz się ich energią.

ROZDZIAŁ 1

Definiowanie Wdzięczności

Prawie każdego dnia dziękujemy. Nieświadomie mówimy o tym przy kasie sklepu spożywczego i w naszej lokalnej kawiarni, ale czy są to szczere wyrazy Wdzięczności, czy tylko reakcja, której byliśmy nauczeni?

Czym dokładnie jest Wdzięczność?

Czy to coś innego niż powiedzenie „dziękuję", czy też dopiero „dziękczynienie" jest elementem Wdzięczności?

Skup się i odkryj podczas słuchania, lub może czytania Kodów Wdzięczności, jak proste „podziękowania" mogą mieć potężny wpływ na dwie strony — przekazującej swoje uznanie i osobie, która jest doceniana. Jest to szczególnie naturalnym procesem, gdy słowa odzwierciedlają prawdziwe emocje Wdzięczności. Powstaje zatem pytanie, czym właściwie jest Wdzięczność?

Rzymski filozof Cyceron opisał Wdzięczność jako największą z cnót i rodzica wszystkich innych. Jest kluczem, który otwiera wszystkie drzwi i jest jakością, która czyni nas i utrzymuje młodymi. To stwierdzenie wypowiedziane ponad dwa tysiące lat temu, jest fascynujące. Mówi o Wdzięczności jako cnocie lub jakości istnienia. Wdzięczność jest właśnie taką potęgą. Wdzięczność to także emocja. To jest coś, co czujemy głęboko w naszych sercach. Możemy odczuwać to w stosunku do innych, kiedy ludzie są nam wdzięczni, lub kiedy widzimy, jak człowiek wyraża Wdzięczność wobec drugiego. W odczuciach lub konwersji między ludźmi łatwo jest być wdzięcznym. A jednak, próbując zrozumieć tę prostotę, możemy znaleźć bardziej złożone znaczenie wypowiadanych do nas, lub przez nas słów. Wdzięczność jest emocją, jest doświadczeniem i może być sprecyzowanym wyborem świadomości. Połączenia w naszych związkach są zarówno wzmacniane, jak i wspierane z siłą Wdzięczności.

W swej istocie Wdzięczność posiada doświadczenie powszechnej przynależności. Możemy doświadczyć jej jako ogólnego samopoczucia, kiedy praktykujemy celową kultywację Wdzięczności w naszym życiu i zaczynamy odkrywać, i doświadczać jej właściwą wartość.

Wdzięczność jako państwo bytu

Poświęć chwilę, zamknij oczy i spróbuj przypomnieć sobie moment, czy wydarzenie swojego życia, w którym poczułeś się docenionym, dowartościowanym. Obudź je i pomyśl o nim, jakby działo się ono w tej właśnie chwili. Wykorzystaj do tego pytania, które przygotowałem, oraz dodaj swoje sugestie i tego stanu doświadczaj.

Jakie słowa słyszałeś?
Jak wyglądało Twoje ciało w tym momencie?
Co spowodowało to doświadczenie?
O czym myślałeś w tej chwili?
Co najbardziej lubisz w byciu docenianym?
Co w tym szczególnym momencie sprawiło, że zapamiętałeś je do dzisiaj?

Zapisz swoje odpowiedzi na te zadane pytania w Kronice Krainy Wdzięczności, do której możesz odwołać się później.

Nie ma jednej definicji Wdzięczności. Wdzięczność została skonceptualizowana i zdefiniowana w kontekście postaw, emocji, moralności, cech, nawyków, a nawet technik radzenia sobie w trudnych sytuacjach. Wdzięczność to bez wątpienia niesamowicie złożona i dynamiczna emocja. Jest to umiejętność, która przyczynia się do satysfakcji w relacjach międzyludzkich.

Wdzięczność jako emocja

W tym kontekście musimy mieć pewność, że odróżniamy emocje od nastroju. Emocja dotyczy czegoś lub kogoś. Chodzi o osobistą istotną okoliczność lub doświadczenie. Z drugiej strony nastrój nie jest powiązany z żadnym przedmiotem i nie jest zależny od jednego czynnika. Eksplorując Wdzięczność w ten sposób, widzimy, że występuje ona w odpowiedzi na działanie w ramach relacji. Coś zostało wydane przez kogoś i otrzymane przez kogoś innego. Wymiana ta pomaga wzmacniać emocje Wdzięczności.

Wdzięczność jest emocją empatyczną, co oznacza, że aby doświadczyć emocji, w zamian odbiorca musi znaleźć się w pozycji dawcy. Poczucie Wdzięczności w odpowiedzi na podarunek wymaga od obdarowanego poczucia pozytywnej intencji darczyńcy. To właśnie rozpoznanie i empatyczne połączenie stanowią podstawę emocjonalnego doświadczenia Wdzięczności w interakcji.

Możemy wyrazić Wdzięczność z wielu powodów. Możemy być wdzięczni za otrzymywanie osobistych korzyści, takich jak porady od mentora, lub możemy być wdzięczni za przedmioty materialne, takie jak prezent, nasz dom lub samochód. Wdzięczność możesz także wspierać poprzez spełnienie interpersonalne, takie jak uścisk przez przyjaciela. Możemy doświadczyć Wdzięczności za korzyści finansowe, takie jak podwyżka w pracy. A nawet drobne monety podrzucane nam przez anioły, które warto zauważyć na swojej drodze dnia codziennego.

ROZDZIAŁ 2

Znalezienie Wdzięczności w społeczeństwie

Kiedy patrzymy dzisiaj na Stany Zjednoczone, wielu widzi bogaty, podziwiany przez wszystkich, potężny naród. Nie jest tak szanowany ze względu na potęgę militarną i postęp technologiczny, ale za swobody, którymi cieszą się obywatele, dzięki czemu mogą dążyć do spełnienia swoich marzeń.

Wartości założycielskie narodu stanowiły wzór dla wszystkich, którzy przybyli po krwawej wojnie o niepodległość. Stany Zjednoczone i to, czym są dzisiaj, kształtowała fala imigrantów, którzy przyjęli wyższe wartości, stawiając kraj na drodze ku postępowi. Podczas gdy początkowe lata były dla nich trudne, nauczyli się oni przystosowywać i przetrwali mroźne zimy, pokonując słabości oraz poszerzając swoją strefę komfortu.

Zdając sobie sprawę z tego, że ciężka praca była jedynym sposobem na zmianę obecnej sytuacji i odniesienia sukcesu w ich nowym życiu, nauczyli się wyrażać Wdzięczność za to, jakie możliwości otrzymywali w danej chwili.

Była to Wdzięczność za proste prezenty, które wnosiła każda sekunda w ich życie, dach nad głową i jedzenie na stole. To pozwoliło im się rozwijać i płynąć na fali osiągnięć drobnych a znaczących do przodu.

Jak udowodnili ci, którzy byli przed nami, Wdzięczność może odgrywać istotną rolę w kształtowaniu naszego przeznaczenia, tworząc nasze tu i teraz.

Wdzięczność w dzisiejszych czasach

W dzisiejszym społeczeństwie wysoce konsumenckim, gdzie kwartalne wzrosty stały się miarą pozycji narodowej, posiadanie instynktu zabójcy jest uważane za wielki atut, pojawia się pytanie, czy jest tu jeszcze miejsce na Wdzięczność?

Możemy pokusić się o hipotezę, że wszyscy dążymy do szczęścia, jednak nasze sposoby jego odnajdowania są różne. Jedni starają się uzyskać je po- przez służbę i miłość, podczas gdy drudzy próbują znaleźć to w ezoterycznych książkach lub u stóp guru. Niestety, większość z nas stara się znaleźć szczęście poprzez pozyskiwanie materialnych dóbr. To zmieniło społeczeństwo w takie, które czuje, że jest uprawnione do wszystkiego, co otrzymuje i uzyskuje, odrzucając pomysł wyrażania Wdzięczności za wszystko, co ma. Wielu z nas postrzega rzeczy przez pryzmat sprzedaży i zakupu, a co poniektórzy wkładają w ten szablon również relacji z ludźmi. Oznacza to, że patrzą na innych z perspektywy używania i odrzucania w zależności od swoich potrzeb.

I tu niespodzianka, która może być dla Ciebie zaskoczeniem. Wdzięczność jest równie zaraźliwa jak materializm. Gdy tylko zdasz sobie sprawę, że Wdzięczność może pomóc ci osiągnąć to, czego zapragniesz, po prostu zaczynasz ją praktykować, doświadczając jej.

ROZDZIAŁ 3

Zastosowanie Wdzięczności w relacjach

Łatwo jest wpaść w gorączkową rutynę dnia codziennego, zapominając wyrazić nasze uznanie tym, którzy są dla nas najważniejsi. Poświęć chwilę na zastanowienie się nad relacjami w swoim życiu, namierzając osobę/osoby, personalizując czas i okoliczności, w których poczułeś Wdzięczność. Jednym z najczęstszych błędów, jakie możemy popełnić w naszych relacjach, jest zakładanie, że druga osoba zachowa się według naszych założeń. Dzieje się tak, gdy przyjmiemy, że ktoś w naszym życiu wie, co myślimy lub czujemy. Problem polega na tym, że jeśli nie pozwolimy, aby ludzie w naszym życiu, którzy są dla nas ważni, wiedzieli, że mają dla nas znaczenie, nie zainicjujemy nici Wdzięczności wobec nich.

Większość z nas przestała egzystować świadomie w swoim życiu. Włączyliśmy autopilota i po prostu dryfujemy przez życie. Nasze mózgi i ciała stały się tak dobrze znane naszej rutynie, że nie przykładamy zbytniej uwagi do codziennego życia. Nasze umysły zwykle zajmują się tworzeniem list, przypominaniem wydarzeń dnia lub myśleniem naprzód, straciliśmy uważność. Mamy tendencję do przechodzenia przez doświadczane emocji, które znamy tak płynnie, że pomijamy wszystkich niuanse doświadczania w tym procesie.

Przekazywanie Wdzięczności

Posiadanie coraz większej świadomości Wdzięczności może mieć wpływ na związki przyczynowo-skutkowe naszego bytu. Istnieją dowody na to, że dzieląc się naszą Wdzięcznością, czy to za pomocą życzliwości, słów, czy darów, pielęgnujemy nasze relacje, pomagając im wzrastać mocniej. Wiedząc o tym, że ma to sens, musimy zbadać, jak możemy przekazać nasze uznanie tym, którzy są dla nas najważniejsi.

Chociaż nie ma nic złego w wyrażaniu swojej Wdzięczności, mówiąc: „wielkie dzięki" lub „superpraca", te wyrażenia Wdzięczności są często brane za pewnik i rzadko przekazują przesłanie takie mocne i wartościowe, jakie byśmy chcieli, aby dawały. Jednym ze sposobów, w jaki możesz wyrazić swoje uznanie, który będzie sprzyjał łączeniu w związkach, jest uwzględnienie trzech rzeczy w Twoim wyrażeniu:

- obserwacja,
- uczucie,
- potrzeba.

Dzieląc się swoją obserwacją, po prostu stwierdzasz, co obserwujesz. To tak jak trzymanie otwartych drzwi, zmywanie naczyń lub wynoszenie śmieci. Te codzienne działania otrzymują inny wymiar, ale często nie dociera to do nas. Czasami tylko poinformowanie kogoś o tym, że coś zauważyłeś, może sprawić, że ta osoba będzie miała do Ciebie ogromną pretensję. Następnie musisz dać tej osobie znać, że to, co zrobiła, ma na Ciebie pozytywny wpływ.

Ostatni aspekt przekazywania Wdzięczności jest często najtrudniejszym momentem. Może być nam trudno zaakceptować, że potrzebujemy innych, ale musimy to zrobić. Ważne jest, aby pamiętać, że nie istniejemy w małych bańkach i że jesteśmy stale pod wpływem tych, którzy są wokół nas. Powiedzenie komuś, że jest, kiedy go potrzebujesz, to otwarte drzwi do nawiązania kontaktu z innymi.

Jeśli chodzi o relacje, nie ograniczaj swojego wyrażania Wdzięczności za rzeczy, które ludzie Ci dają, lub w sytuacjach, gdy coś dla Ciebie robią. Czasami równie cenne jest dzielenie się Wdzięcznością za to, kim są, jako osoby. Niech ludzie w Twoim życiu wiedzą, że nie tylko doceniasz to, co dla Ciebie robią, ale także to, kim dla Ciebie są. Warto chwalić czyjąś hojność, troskliwość, współczucie, ale największą wartość ma po prostu bycie tym, kim te osoby są, i dostrzeżenie tego przez nas. Sprawdź sam, jak to zadziała na Twoim podwórku.

ROZDZIAŁ 4

Moc pozytywnych emocji i Wdzięczności

Chęć bycia szczęśliwym jest realistycznym pragnieniem. Wydaje się jednak, że jesteśmy źle poinformowani o tym, czym jest szczęście. Czasami możemy myśleć, że znaleźliśmy szczęście w nowym komputerze, nowej koszuli, czy nowym samochodzie. Innym razem wierzymy, że szczęście przyniesie nam pobłażanie pojawiającym się u nas impulsom. Chociaż te rzeczy same w sobie nie są złe, warto odpowiedzieć sobie na pytanie, czy któraś z tych rzeczy przyniosła nam prawdziwe, trwałe szczęście?

Badania bliźniąt wykazały, że około 50 procent poziomu szczęścia jest oparte na genetyce. Oznacza to, że istnieją pewne predyspozycje do szczęścia, ale symbolizuje to również, że połowa naszego szczęścia jest uzależniona od innych czynników. W innym badaniu (źródło podaje w dalszej części opracowania) ustalono, że 10 procent szczęścia determinują nasze okoliczności życiowe, takie jak bogactwo, status związku, stan zdrowia itp. Oznacza to, że jeśli 50 procent naszego szczęścia można przypisać do genetycznego makijażu, a 10 procent do okoliczności, to pozostaje 40 procent naszego szczęścia do zagospodarowania i kreowania przez nas samych.

Te 40 procent oznacza, że mamy znaczący wpływ na to, jak bardzo jesteśmy szczęśliwi w naszym życiu. Nie wszystko zależy od przypadku, cudzych zachcianek, czy intencji. Mamy wybór i wolną wolę. Co to ma wspólnego z Wdzięcznością? Okazuje się, że badania wykazały, że wdzięczni ludzie są rzeczywiście szczęśliwsi. Wdzięczność może zmniejszyć częstotliwość i czas trwania epizodów depresyjnych, co ma wiele sensu, ponieważ trudno czuć gorycz, złość, zazdrość, wrogość i urazę, gdy czujesz się wdzięczny. Ze swej natury Wdzięczność ma zdolność blokowania bardziej negatywnych i nieprzyjemnych emocji. Jeśli chodzi o Wdzięczność, ważne jest, abyś zdał sobie sprawę, że uczucia, których doświadczasz, są cenne, i że wszystkie służą na kierunkowaniu na jeden cel.

Czując lęk, możesz stać się zaniepokojony. Ta emocja sprawia, że Twoje ciało jest w stanie czujności, więc jesteś gotowy na wszystko i możesz dostosować się do swojego otoczenia. Bardzo ważne jest odczuwanie niepokoju, kiedy idziesz w nocy słabo oświetloną ulicą — emocje mogą pomóc Ci w utrzymaniu bezpieczeństwa. Tak samo uczucie niepokoju przed publicznym wystąpieniem może zachęcić Cię do przygotowania się do wydarzenia w odpowiedni sposób, np. przygotowując doskonałą prezentację.

Emocje, które zazwyczaj określa się jako negatywne, są po prostu bardziej nieprzyjemne. Gorycz, smutek, poczucie winy, żal, wstyd, zazdrość, uraza i niepokój niekoniecznie są złe, ale mogą być niekomfortowe, zwłaszcza gdy wracają jak bumerang i często ich doświadczamy. Twój umysł może być zaprogramowany na skupianiu się na takich emocjach i poświęca im więcej uwagi. To dlatego, że są to istotne emocje, ponieważ dają cenne informacje o sobie i o tym, jak reagujemy na swoje otoczenie. Bez tych emocji nie wiedziałbyś, czy istnieje niebezpieczeństwo czające się za rogiem, czy też oglądasz coś, co jest sprzeczne z Twoimi poglądami moralnymi i etycznymi. Te szczególne emocje mogą skłonić Cię do podjęcia działania. Ich minusem jest to, że możesz szybko w nich utknąć, jednocześnie żyjąc w swoim cieniu.

Wdzięczność i pozytywne emocje nie wykluczają negatywnych doświadczeń, ale mogą pomóc w utrzymaniu właściwej perspektywy i powstrzymaniu się od utknięcia w niekomfortowej sytuacji emocjonalnej. Ćwiczenie Wdzięczności jest jednym ze sposobów przekształcania Twoich doświadczeń w kierunku bardziej pozytywnych emocji i polepszania Twoich relacji z ludźmi, zwierzętami i przyrodą.

Korzyści z Wdzięczności

Udowodniono również (https://pfp.ukw.edu.pl/archive/article-full/ 466/wolanin_Wdzięcznosc_a_dobrostan_czlowieka/), że Wdzięczność zwiększa naszą zdolność do doświadczania większej liczby pozytywnych emocji. Często Wdzięczność opisywana jest ze związanymi z nią uczuciami, takimi jak miłość, współczucie, pokora, komfort, namiętność i pewność siebie. Kultywowanie Wdzięczności może być bezpośrednim sposobem na wzmocnienie tych emocji w Twoim życiu.

Kolejną korzyścią płynącą z wielu badań jest to, że wdzięczni ludzie są bardziej odporni na stres. Znajdując zdolność do bycia wdzięcznym za rzeczy, które masz w swoim życiu, jesteś w stanie przejść przez wyzwania i trudności znacznie szybciej i bardziej efektywnie. Wdzięczność pomaga nam dostrzec naszą siłę, otworzyć serca i w pełni doświadczać życia.

Kolejna dobra wiadomość jest taka, że nie trzeba przechodzić kryzysu, aby dostrzec Wdzięczność. Wdzięczność to szansa, która czeka na Ciebie podczas każdej trwającej sekundy.

Wdzięczności można się nauczyć. Praktyka Wdzięczności może więc być wyborem i celowym sposobem patrzenia na świat. Nie oznacza to, że powinieneś zdyskontować lub rozjaśniać trudności, czy bolesne doświadczenia w swoim życiu, ale powinieneś zdecydować, aby nie dać się nimi przytłoczyć w obecnych czasach, i znaleźć sposób, aby być poza nimi. Możesz spojrzeć z Wdzięcznością na to, czego dowiadujesz się o innych i o sobie, kiedy poruszasz się przez trudy dnia codziennego.

ROZDZIAŁ 5

Uważność i medytacja a Wdzięczność

To niesamowite, jak często przyjmujemy czyjeś emocjonalne opowiadanie jako nasze własne. Kiedy usłyszymy to i będziemy się z tym utożsamiać, zaczniemy popadać w te same wzorce. Niezależnie od tego, czy jest to nawyk, czy też jakiś określony sposób, do pewnego stopnia wszyscy kopiujemy nawyki i zachowania tych, którzy są najbliżej nas. Chociaż niekoniecznie jest to zła rzecz, gdyż możemy czerpać z tego większą świadomość. Jeśli nie wiemy, że coś robimy, lub dlaczego to robimy, może być nam trudno powiedzieć, czy może to wpływać na nasze relacje i doświadczenia z innymi. Jak rozpoznać te wzorce i „zapożyczone" wzory?

Jak przejść od mniej skutecznych wzorów do pielęgnowania postawy Wdzięczności? Jest wiele sposobów na osiągnięcie postępów w tym kierunku, ale aby budować świadomość, najlepszą drogą jest praktyka uważności. Najprostsza i najjaśniejsza definicja uważności nie jest niczym więcej niż „zwracaniem uwagi na cel". Dzięki uważności skupiasz się na szczegółach swojego celu i doświadczaniu tej jednej, wybranej rzeczy. Możesz być świadomy wszystkiego, swojego oddechu, jedzenia, a nawet odkurzania podłogi. Bycie uważnym jest tylko zauważeniem doświadczenia czegoś, co dzieje się w danej chwili.

Ćwiczenie uważności może pomóc w leczeniu i zapobieganiu depresji. Poświęcenie czasu na celową koncentrację uwagi może zmienić nierównowagę obwodów chemicznych w mózgu i pomóc w przejściu do pozytywnych wzorców myślowych. Badania wykazały, że uważne praktyki świadomości mogą poprawić ogólne funkcjonowanie organizmu uruchomić procesy gojenia ran oraz zapewnić nam dobre samopoczucie. Będziesz także mógł polepszyć swoje relacje z innymi, kiedy będziesz ćwiczyć uważność, ponieważ pozwoli Ci to lepiej rozpoznać sygnały niewerbalne od innych oraz wyzwolić szybszą interakcję.

Gdy nasze życie nabiera dynamiki, jest bardzo pracowite i gorączkowe, mamy tendencję do korzystania z autopilota, tracąc czujność odbierania bodźców. Zapominamy też wtedy o Wdzięczności. Czasami nawet tęsknimy za tym, czego doświadczamy w danym momencie. Poświęcenie codziennie kilku minut na zatrzymanie, zwolnienie, harmonię ciała i ducha może mieć głęboki wpływ na to, jak się czujemy w danym dniu, i co robimy, aby go wypełnić.

Uważne życie z dnia na dzień

Nasze myśli, emocje i zachowania są ze sobą połączone. Każdy karmi się innymi i kształtuje swoje doświadczenia w podobny, ale inny sposób ze światem, w którym żyje. Ćwiczenie uważności pomaga nam dostrzec doświadczenia, relacje i środowisko, które nas otacza w innym kontekście. Dzięki praktyce uważności możemy zwrócić uwagę na nasze myśli, zachowania i emocje bez ich osądzania. Kiedy jesteśmy uważni, zaczynamy widzieć nasz świat i dostrzegać w nim więcej istniejących możliwości. Każda codzienna rutyna, zadanie lub czynność może stać się okazją do praktykowania uważności i Wdzięczności. Możesz praktykować uważną Wdzięczność w dowolnym miejscu i czasie.

Uważność praktyką poprzez medytację

Jeśli zmagasz się z włączaniem uważności do co- dziennego życia, możesz użyć medytacji, aby wytrenować swój mózg, by robił to automatycznie. Uważność może być kultywowana poprzez medytację uważności, która jest systematyczną metodą, skupiania Twojej uwagi. Możesz nauczyć się medytować samemu, postępując zgodnie z instrukcjami w książkach, lub za pomocą filmów i taśm.

Niektóre rodzaje medytacji obejmują przede wszystkim koncentrację, jak powtarzanie fraz lub koncentrowanie się na odczuwaniu oddechu. Ta koncentracja pozwala na ciągły przepływ myśli, które nieuchronnie powstają, by przychodzić i odchodzić. Techniki medytacji koncentracji, a także inne działania, mogą wywoływać reakcję relaksacyjną, która z kolei może pomóc zredukować reakcję organizmu na stres.

Pierwsze kroki z medytacją uważności

Medytacja uważności opiera się na praktykach koncentracji. Gdy już osiągniemy koncentrację, zaczynamy obserwować przepływ swoich wewnętrznych myśli, emocji i wrażeń cielesnych bez oceniania ich jako dobre lub złe.

Wtedy zaczynamy otwierać swój umysł i zauważać zewnętrzne doznania wokół siebie, takie jak widoki, dźwięki i dotyk, które składają się na doświadczenie z chwili na chwilę. Wyzwaniem w medytacji uważności nie jest skupianie uwagi na jakiejś konkretnej idei, sensacji, emocji, czy też uwikłanie się w myślenie o przeszłości, lub przyszłości. Zamiast tego powinieneś obserwować, co przychodzi Ci do głowy, aby odkryć, jakie nawyki umysłowe dają wrażenie dobrego samopoczucia lub cierpienia.

Będą chwile, kiedy nie będziesz czuł, że ten proces jest w ogóle relaksujący. Jednak z biegiem czasu dostarczy Ci on lepszych możliwości do odkrywania szczęścia i samoświadomości. Poszerzy to Twoją perspektywę dzięki szerszemu zakresowi doświadczeń.

Praktykowanie medytacji Wdzięczności

Medytacja Wdzięczności jest jednym z najbardziej wpływowych i satysfakcjonujących ćwiczeń, jakie możesz wykonać. Kiedy jesteś w stanie rozwijać postawę Wdzięczności, możesz zacząć czuć się bardziej zadowolonym ze swojego życia i osiągnąć prawdziwe szczęście. Wdzięczność może sprawić, że poczujesz się dobrze, a medytacja pomoże Ci osiągnąć głęboki stan relaksu i kontemplacji.

Medytację Wdzięczności można wykonywać razem lub możesz spędzić kilka minut na początku sesji medytacji, biorąc głęboki oddech, myśląc o wszystkich rzeczach, za które jesteś wdzięczny w swoim życiu.

Możesz rozpocząć praktykę medytacji Wdzięczności, poświęcając kilka chwil na wykonanie technik relaksacji za pomocą głębokiego oddechu. „Zacznij od pozycji siedzącej, np. na krześle z wyprostowanymi plecami i stopami opartymi o podłogę. Dłonie najlepiej, gdy będą spoczywały swobodnie na kolanach. Powoli nabierz powietrza przez nos, aż wypełni całe płuca, pozwól też brzuchowi uwypuklić się podczas wdechu. Postaraj się zatrzymać powietrze w płucach i policzyć do dwóch. Zrób swobodny wydech i pozwól brzuchowi wrócić do naturalnego położenia. Na koniec wydechu zrób krótką pauzę (Uporządkuj Swój Umysł, S.J. Scott, B. Davenport). Dostarczysz swojemu organizmowi zdrową dawkę tlenu, dzięki czemu staniesz się znacznie bardziej zrelaksowany.

Kiedy będziesz gotowy, usiądź w wygodnym , odpowiednim do medytacji fotelu i zamknij oczy. Pozwól rozluźnić się mięśniom. Puść wolno swoje myśli, obserwując je. Kiedy poczujesz się swobodnie i komfortowo, zacznij myśleć o wszystkim, za co jesteś wdzięczny w swoim życiu. Im bardziej jesteś wdzięczny, tym więcej otrzymasz w swoim życiu. Niezależnie od tego, czy zdecydujesz się ćwiczyć medytację Wdzięczności, czy też relaksację Wdzięczności i oddychanie regularne, będziesz szczęśliwszy i zdrowszy.

ROZDZIAŁ 6

Równowaga we Wdzięczności

Jak dotąd odkryłeś, że Wdzięczność ma wiele pozytywnych cech i korzyści. Dowiedziałeś się, że ludzie, którzy są wdzięczni, są szczęśliwsi, zdrowsi i bardziej zadowoleni ze swoich związków. Wdzięczność otwiera nas na możliwość kontaktu z innymi i może nam pomóc wyeliminować stresujące sytuacje i doświadczenia. Jednak ważne jest, aby zrozumieć, że każde światło rzuca cień, a Wdzięczność nie jest wyjątkiem.

Aby Wdzięczność zaistniała w naszych związkach, konieczna jest jej wymiana między nami. Musi być dawca i biorca, a sama wymiana musi być prowadzona świadomie. Kiedy nie jest obecna świadomość tego daru, wymiana staje się niezrównoważona. Może to skutkować straconą szansą na Wdzięczność lub też uzyskaniem fałszywego wyrazu Wdzięczności.

Niezrównoważona Wdzięczność lub niezdrowe uznanie pojawiają się wtedy, gdy zaistnieje odczucie przerodzone w oczekiwanie, że powinna pojawić się Wdzięczność, podczaspodczas gdy takie uczucie się nie pojawia. Natomiast jest ze mną myśl, która pozwala mi tego doświadczyć:

„Wiem, że powinienem być wdzięczny, ale nie mogę sobie pomóc i tego doświadczyć, pobudza to we mnie poczucie winy lub niezręczności, lub też odczucia innej odmiany nie- pokoju.

Powierzchowna Wdzięczność

Powierzchowna Wdzięczność to taka, która nie jest autentyczna i nie płynie z serca. Występuje najczęściej, gdy istnieje publiczne oczekiwanie lub żądanie natychmiastowego jej potwierdzenia. Najlepszym tego przykładem są coroczne pokazy rozdawania nagród emitowane w telewizji. Słowa Wdzięczności są obecne, ale sentyment tych słów nie istnieje.

Odczuwalną emocją z tego rodzaju Wdzięcznością jest to, że rzadko sprawia, że czujesz się dobrze. Nie ma dodatkowych korzyści płynących z innych emocji, które tak często wiążą się z Wdzięcznością: emocje radości, szczęścia, miłości, związku, połączenia, a nawet nadziei. Zamiast tego powierzchowne wyrażanie Wdzięczności często kojarzy się z uczuciem niepokoju i urazy.

Możesz też otrzymać powierzchowną Wdzięczność w momencie, gdy jest za dużo ludzi, którzy Ci dziękują. Nie chcąc nikogo wykluczyć, tracisz istotę uważności. Istnieć może długa lista podziękowań recytowanych bez związku z tym, co jest uznawane. Poczucie uznania staje się rozcieńczone i ma mniejsze znaczenie. Tworzy to wiele sytuacji, w których możesz czuć się zmuszonym do złożenia podziękowań, nawet jeśli nie odczuwasz emocji, które mogą doprowadzić Cię do przeciwnej formy Wdzięczności, czyli do tej fałszywej Wdzięczności.

Obowiązkowa Wdzięczność

Obowiązkowa Wdzięczność zawiera pewne podobieństwa do powierzchownej Wdzięczności. W końcu pojawia się przytłaczające poczucie, że „należy" wyrazić Wdzięczność, a nie prawdziwe poczucie uznania. Ten rodzaj Wdzięczności często pojawia się, gdy czujesz potrzebę powiedzenia „dziękuję" za życzliwość, która została przyjęta, ale taka, która nie była potrzebna lub wymagana. Możesz czuć się zmuszony do okazania Wdzięczności, gdy czujesz się zobowiązany do podziękowania komuś za dar, którego nie chciałeś lub nie lubisz, lub gdy ktoś robi coś dla Ciebie, a chcesz zrobić to na własną rękę.

Przywracanie równowagi

Wszyscy, w tym czy innym czasie, doświadczyliśmy niewyważonej wartości Wdzięczności. Najważniejszą rzeczą do zrozumienia tego jest to, że nie jest to prawdziwa Wdzięczność. Niezależnie od tego, czy fałszywa Wdzięczność wynika z kulturowych oczekiwań, czy też z intencji bycia postrzeganym jako lepszy od innych, brakuje w niej istotnych elementów składowych, które są niezbędne, by Wdzięczność rozkwitała w twoim życiu. Jeśli jesteś zaangażowany w wymianę niezrównoważonej Wdzięczności, to od Ciebie zależy, czy szukasz i znajdziesz sposób na przywrócenie jej równowagi.

ROZDZIAŁ 7

Jak działa Wdzięczność?

Na poziomie psychologicznym ćwiczenie Wdzięczności pozwala nam stać się szczęśliwszym, bardziej pozytywnym i skłonnym do odnajdywania radości i przyjemności we wszystkim, co robimy. Okazanie Wdzięczności za to, co mamy, i tym, którzy są wokół nas, ma również zalety społeczne, ponieważ stajemy się bardziej hojni i współuczestniczymy w naszym połączeniu ze światem.

Badania wykazały, że Wdzięczność pomaga nam zarówno na poziomie psychologicznym, jak i fizycznym. Fizycznie, kiedy ćwiczymy Wdzięczność w naszym życiu, może to pomóc podnieść nasz poziom odporności, co z kolei może prowadzić do zdrowszego i bardziej energicznego życia. To może pomóc zmniejszyć prawdopodobieństwo, że zachorujemy, i pozwoli nam prowadzić bardziej aktywne życie.

Wdzięczność może upoważnić Cię do lepszego zrozumienia, że życie polega na chwilach przeżytych, a nie na ciągłym poszukiwaniu dobrych lub złych momentów. Uczy nas Wdzięczności za wszystkie chwile, które składają się na nasze życie.

Weźmy na przykład przypadek kogoś, kto właśnie przeżył wypadek samochodowy, w wyniku którego został hospitalizowany i skończył z nogą w gipsie. Teraz, zamiast opowiadać o tym, jak to będzie w szpitalu przez kilka tygodni, osoba ta jest wdzięczna za swoje życie, które zostało uratowane. Otrzymując bonus od życia, może wykorzystać ten czas do nadrobienia zaległości w czytaniu, skoncentrowaniu się na sobie i rozwoju samego siebie.

Stań się bardziej optymistyczny

Wdzięczność może pomóc ci rozwinąć optymistyczną i pozytywną stronę życia, wykorzystując do tego dźwignię wszystkich twoich wzlotów i upadków. Życie z Wdzięcznością pozwoli ci zrozumieć i docenić, że bycie surowym z niewzruszoną cierpliwością jest kluczem do Twojego szczęścia, zadowolenia i spokoju. Zaszczepienie w dzieciństwie postawy Wdzięczności od najmłodszych lat pomoże ci docenić błogosławieństwa, które masz. Odsunie Cię to także od obecnej plagi natłoku i rozproszenia, które dotykają tak wielu osób. Dzisiaj dzieci zbyt łatwo przyswajają to, co mają za pewnik. Ta nie Wdzięczność kończy się postawieniem ich na ścieżce, która jest dla nich trudną drogą do znalezienia spokoju wewnętrznego i zadowolenia, co może negatywnie wpłynąć na zdolność i jakość tworzenia związków w ich życiu, zarówno w pracy, jak i w domu.

Stań się bardziej wdzięcznym

Najlepszą rzeczą we wzmacniającym charakterze Wdzięczności jest fakt, że pozwala Ci spojrzeć na siebie w nowym świetle. Im bardziej jesteś wdzięczny za wszystko, co jest dobre w Twoim życiu, tym bardziej rozwiniesz się w tych aspektach życia osobistego, które są dla Ciebie niewystarczające. Wdzięczność sprawi, że będziesz bardziej empatyczną osobą, która potrafi docenić osiągnięcia innych bez poczucia zazdrości. To może uwolnić Cię od skupienia się na robieniu rzeczy w twoim życiu, które działają dla Ciebie.

Zyskaj więcej energii

Wśród wielu pięknych sposobów, dzięki którym Wdzięczność może wzmocnić Twoje życie, jest sposób, w jaki zasila ona Ciebie. Samo zaakceptowanie tego, co pozytywne, i odpuszczenie negatywu, może sprawić, że spojrzysz na swoje życie z nadzieją i optymizmem, co doda Ci motywacji, do tego by dać z siebie maksa we wszystkim, co robisz.

Wdzięczność jest jak słońce, które przedziera się przez okno i oświetla pokój, kiedy rano odsłaniamy zasłony. Każdy z nas ma potrzebę doświadczania takiego ważnego katalizatora, który może wprowadzić ekscytujący cud w nasze życie.

Znajdź znaczenie w życiu

Życie to coś więcej niż nieustanna pogoń za materialnymi dobrami i osiąganiem celów. Posiadanie poczucia Wdzięczności za to, co mamy, i pragnienia tego, co najlepsze dla wszystkich innych, stawia nas na ścieżce samorealizacji, pozwalając nam wypracowywać zadowolenie, jako stały element naszego życia, a także pozwala nam dotrzeć do tych, którzy mogą potrzebować naszej pomocy.

Otwórz się na przyjaźń

Ludzie, którzy praktykują Wdzięczność, mają więcej pozytywnej energii i wydają się być bardziej popularni ze względu na ich przyjemniejszą i uprzejmą osobowość. Może to pomóc Ci zdobyć więcej przyjaciół i mieć głębsze, bardziej znaczące połączenie w Twoich relacjach. Ogólnie ludzie wdzięczni są bardziej pomocni, towarzyscy i bardziej ufni.

ROZDZIAŁ 8

Jak uczyć się Wdzięczności

Na szczęście Wdzięczności można się nauczyć. Przy odpowiednim zastosowaniu praktyki i dyscypliny możesz opanować postawę Wdzięczności w swoim życiu. Rzeczowość Wdzięczności polega na tym, że większość ludzi nie jest w stanie podjąć wyzwania, gdy wszystko idzie dobrze. Jednak w momencie, gdy pojawia się kryzys lub zdarza się nieszczęśliwa sytuacja, ludzie nie widzą powodu, by być wdzięcznymi. Wielu wolałoby narzekać na swoje życie. Istotą Wdzięczności jest jednak to, że jest niczym innym, jak stanem umysłu. Jeśli zechcesz, znajdziesz powód do Wdzięczności nawet w tych mrocznych momentach.

Bez względu na to, jak straszne rzeczy mogą Ci się przytrafiać, zawsze jest coś, za co możesz być wdzięczny. Należy pamiętać, że wszyscy jesteśmy na tej planecie przez krótki czas i dopóki żyjemy, i oddychamy, mamy co świętować. Jeśli coś poszło nie tak, musisz pamiętać, że możesz to poprawić. Kiedy poświęcisz trochę czasu, aby zaobserwować zachowanie wdzięcznych ludzi, zaczniesz zauważać pewne podobieństwa w ich zachowaniu.

Miej realistyczne oczekiwania od życia

Życie rzadko przebiega w sposób, jakiego oczekujemy. Najlepsi uczniowie w szkole niekoniecznie osiągają wysoki pułap w życiu. Istnieją liczne przypadki, w których ktoś mniej utalentowany niż Ty jest w stanie wylądować w pożądanej pracy lub odnieść większy sukces niż Ty. Nikt nie wie, z jakiego rodzaju kartami będziemy mieli do czynienia w życiu. Kiedy jesteś przygotowany na niespodzianki, które nieuchronnie podrzuca Ci życie, zawsze będziesz w stanie znaleźć srebrną nić, która poprowadzi Cię do Wdzięczności.

Trwaj w bezwarunkowym szczęściu

Kiedy postawisz warunek bycia szczęśliwym, prawdopodobnie nigdy nie osiągniesz tego szczęścia. Jeśli pożądasz konkretnego samochodu sportowego, to jest w porządku, ale jeśli zdecydowałbyś, że masz depresję, dopóki go nie otrzymasz, co by się stało, gdyby nagle wycofano go z produkcji?

Ludzie, którzy chętnie okazują Wdzięczność za dobro, które widzą w swoim życiu, bez względu na jego wielkość, są osobami, którym łatwo jest być szczęśliwymi. Bezwarunkowa Wdzięczność jest zdecydowanie jednym z warunków szczęśliwego życia.

Akceptuj, że dobro przychodzi ze złem

Ludzie, którzy potrafią docenić, że dobro przychodzi ze złem, odkrywają, że ich serca są wdzięczne za dobro w życiu, jednocześnie uświadamiając sobie i rozumiejąc, że prawdopodobnie wystąpią w nim psikusy oraz wady. Wiedzą, że kiedy wygrzewają się w ciepłym blasku letniego słońca, to ponure mrozy zimy są tuż za rogiem. I odwrotnie, jeśli pada deszcz wiedzą, że to tylko kwestia czasu, zanim słońce zasili ich potężne akumulatory.

Wzrastaj w optymizmie

Ludzie, którym łatwo jest wyrazić Wdzięczność za najmniejsze szczęście, nie przejmują się zmianami w życiu. Są wiecznymi optymistami, którzy potrzebują najmniejszego promyka nadziei, aby być szczęśliwymi i zadowolonymi. Dla nich jutro to kolejny dzień do narodzin i wzrostu.

ROZDZIAŁ 9

Tworzenie nawyków Wdzięczności

Wdzięczność jest czymś, co daje nam nieskończone możliwości odczuwania każdego dnia. Wyzwanie nie staje się podatne na negatywne nastawienie naszego mózgu. Negatywne nastawienie zwiększa tendencję do skupiania uwagi na bardziej niewygodnych emocjach, takich jak strach, niepokój, gniew i smutek. Te emocje są nam niezbędne, ponieważ skłaniają nas do zwracania uwagi na rzeczy, które mogą być groźne lub niebezpieczne, jednakie powinniśmy żyć w nich lub pozwolić im być tymi emocjami, które informują o naszych wszystkich doświadczeniach życiowych.

Dzięki praktyce Wdzięczności możesz rozwijać nowe wzorce myślenia i nowe sposoby doświadczania swojego życia. Podobnie, jak przy nowej diecie lub ćwiczeniu, angażowanie się w nowe zachowanie przez godzinę, jeden dzień lub tydzień nie spowoduje długofalowej zmiany. Dopiero regularna praktyka może stworzyć zrównoważoną zmianę. To, co robisz regularnie i często może szybko stać się nawykiem, a więc czymś, co będziesz robić automatycznie.

Niezależnie od sytuacji, zawsze jest okazja do Wdzięczności. Nawet najbardziej frustrujące doświadczenia mogą dać Ci szansę na wyćwiczenie Wdzięczności, ale mogą także pozwolić Ci ją obserwować i być pod wpływem jej obecności.

Rozwijaj nawyki

Każde nowe zachowanie lub rutyna zajmuje trochę czasu, aby rozwinąć się w nowy nawyk. Podczas pierwszego prowadzenia samochodu wszystko jest nowe i wymaga pełnej uwagi. Kiedy zaczynasz nowy plan fitness, wymaga to trochę wysiłku i zaangażowania. Z biegiem czasu nowość staje się czymś, co po prostu robisz. Proces ten jest przeważnie niepozorny i często wymaga pewnego wsparcia lub zachęty.

Wypracowanie nawyku Wdzięczności będzie od Ciebie wymagało nieco wysiłku. Przesuwanie Wdzięczności w spójną praktykę wymaga pilności, ale jest to opłacalna inwestycja energetyczna. Badania wykazały, że oprócz zwiększania świadomości obfitości, już obecnej w twoim życiu, ćwiczenie Wdzięczności daje ci szeroki zakres korzyści, w tym:

- lepszą zdolność do radzenia sobie z codziennym stresem,
- zwiększony optymizm w porównaniu do przeszłości,
- poszerzone poczucie łączności z ludźmi i światem,
- zwiększoną odporność na traumatyczne wydarzenia,
- rozwinięte poczucie dobrego samopoczucia,
- ożywioną aktywność fizyczną,
- wartościowszy sen,
- poprawione zdrowie fizyczne,
- zmniejszenie uczucia niepokoju,
- pozytywny wpływ na funkcje układu sercowo-naczyniowego i immunologicznego.

Ważne, aby pamiętać, że tworzenie nawyków Wdzięczności wymaga czasu. Mogą pojawić się dni, w których całkowicie zapomnisz o Wdzięczności. To jest w porządku. Możesz ponowić praktykę następnego dnia. Z biegiem czasu praktyka Wdzięczności stanie się bardziej zautomatyzowana. To tak jak uczenie się czegoś nowego — musisz uzbroić się w cierpliwość. Kontynuując praktykę, zauważysz, że nagrody w Twoim życiu będą wyrastały jak grzyby po deszczu.

Praktykuj dawanie

Stosując moc praktyczną tego przesłania, po prostu dzieląc się tym, co masz. Uruchomisz bez powodu i przyczyny fale zjawiska dobrobytu napędzanego radością w działaniu. Kiedy wierzysz, że wszystko i wszyscy Ci się należą, jak możesz być wdzięczny lub odczuwać magiczną siłę Wdzięczności? To przekonanie zasługuje na zburzenie muru, który blokuje Wdzięczność.

Tak więc pojawia się pytanie, w jaki sposób można przejść od postawy dania sobie prawa do praktyki z Wdzięcznością? Istnieje kilka sposobów na osiągnięcie tego celu. Po pierwsze, zacznij od dostosowywania własnej postawy i modelowania wdzięcznej koncepcji w domu oraz z samym sobą. Możesz także zarażać ideą o Wdzięczności i dawaniu swoje dzieci, a nie o zasługach i otrzymywaniu. Kluczem do pogłębiania Wdzięczności jest angażowanie się w działania i interakcje, które koncentrują się na dzieleniu się, dawaniu i łączeniu, a nie robieniu czegoś, aby uzyskać coś z powrotem.

Jest to działanie bezwarunkowe, które wypływa z głębi naszego serca. Ta właśnie czynność pozwala uniknąć frustracji i poczucia braku. Wierzenie w tezę, że świat jest Ci winien wszystko, jest fałszywym założeniem i tylko doprowadzi Cię do rozczarowania, napięcia w Twoich relacjach i dalszego żalu oraz frustracji.

Rejestruj Wdzięczności

Kiedy szukasz sposobów na walkę z usprawnieniami i wspieraniem Wdzięczności w swoim życiu, możesz wykorzystać do tego prosty akt rejestrowania kartek z podziękowaniami. Często, kiedy ludzie mówią o pisaniu kartek z podziękowaniami, wracają myślami do czasu, gdy byli zobowiązani do napisania obowiązkowych podziękowań za ukończenie szkoły, urodziny, ślub. W takich sytuacjach pisanie kartek z podziękowaniami może być nieco zniechęcające i przytłaczające. W wielu ze wspomnianych sytuacji otrzymane dary nie mają obowiązkowego charakteru, ale podziękowania za nie tworzone są przede wszystkim ze względu na poczucie odpowiedzialności społecznej, a co za tym idzie przymus wyrażenia Wdzięczności. Chociaż może to nie być reprezentatywne dla szczerej Wdzięczności, jest to pozytywny krok w kierunku rozwijania nawyków Wdzięczności, ponieważ jest to sposób uznania otrzymanych prezentów.

Dzięki temu możesz pójść o krok dalej i przejść obok obowiązkowej Wdzięczności i refleksyjnej Wdzięczności. Refleksyjna Wdzięczność ma miejsce, gdy jesteś w stanie wycofać się z sytuacji, przypomnieć sobie wydarzenie i ponownie przeżyć emocje, które wystąpiły w tym momencie lub w czasie. Często nie zdajemy sobie sprawy z korzyści, jakie otrzymujemy od kogoś, dopóki nie mamy czasu na refleksję.

Kartki z podziękowaniami mają pozytywny wpływ na tych, którzy je otrzymują. Poświęcenie czasu na zastanowienie się nad relacjami, które wypracowałeś, oraz prezentami, które oferują Ci te relacje, możesz przenieść się z miejsca urazy lub niesmaku do uczucia Wdzięczności za otrzymane prezenty. Możesz również pobudzić w sobie możliwość zastanowienia się nad otaczającymi Cię osobami i ich wpływie na Ciebie.

ROZDZIAŁ 10

Kultywowanie Wdzięczności w Twoim życiu

Teraz masz szansę praktykować kultywowanie Wdzięczności w swoim życiu. Możesz to zrobić sam lub z innymi. Sztuką jest praktyka. Jak w przypadku każdej nowej umiejętności, której się uczysz, rozwijanie postawy Wdzięczności zajmie trochę czasu. Włączając następujące praktyki do codziennego życia, przekonasz się, że z biegiem czasu doświadczysz świata trochę inaczej. Zaczniesz dostrzegać możliwości ukrywające się w najbardziej oczywistych miejscach. Zauważysz bogactwo w swoich związkach i zaczniesz czuć się bardziej połączony z otaczającym Cię światem.

Nie wszystkie z tych praktyk będą dla Ciebie wygodne, a niektóre mogą nawet sprawić, że poczujesz się trochę głupio. To jest w porządku, pozwól sobie na to. Próbuj ich. Niektóre z tych ćwiczeń będą z Tobą rezonować, podczas gdy inne nie. Kluczem do pielęgnowania Wdzięczności i osiągania wielkości jest praktykowanie, aż stanie się to intuicyjne.

Pierwsze kilka praktyk to medytacje. Jak omówiłem to we wcześniejszym rozdziale, medytacja i uważność są kluczowymi aspektami znajdowania Wdzięczności w codziennym życiu. Jeśli nie jesteś zaznajomiony z praktyką medytacji, ćwiczenia te mogą być nieco trudne. Jeśli Twoje myśli zaczynają błądzić albo Twój umysł przechodzi w tryb osądu i przesłuchania, to jest w porządku, tylko przekieruj swoją uwagę na praktykę, na to, co znajduje się w zasięgu Twojej ręki. Istotne, abyś był wobec siebie delikatny. Nie ma właściwego ani złego sposobu wykonywania tych ćwiczeń. To praktyka uczyni Cię mistrzem.

Praktyka medytacji Wdzięczności

Tę praktykę należy rozpocząć od spokojnego siedzenia w wygodnym fotelu. Jeśli nie masz nic przeciwko zamknięciu oczu, zrób to. Jeśli nie, możesz jedynie zmiękczyć swój wzrok, kierując go na podłogę znajdującą się około trzech stóp przed Tobą.

Uspokój umysł i delikatnie przenieś swoją uwagę, skupiając się na oddychaniu. Weź głęboki oddech przez nos i wciągnij powietrze głęboko, aż do Twojego serca. Spróbuj wyobrazić sobie swoje serce wypełnione po brzegi, promieniujące fioletowym światłem. Kiedy wdychasz powietrze, wizualizuj sobie miękkie, serdeczne, różowe światło wypełniające Twoje serce, delikatnie łączące się z fioletowym światłem, które wypełnia przestrzeń w Twojej klatce piersiowej.

Kiedy wydychasz powietrze przez usta, delikatnie je wypuszczając, zwizualizuj sobie delikatne niebieskie światło przechodzące od fioletowego światła do ciała.

Z każdym wdechem mów do siebie delikatnie: „Jestem pełen Wdzięczności".

Z każdym mów do siebie: „Składam Wdzięczność wszechświatowi".

Kontynuuj ten cykl przez cztery minuty. Po zakończeniu czasu delikatnie otwórz oczy, podnosząc wzrok znad podłogi.

Praktyka Kronik Krainy Wdzięczności i medytacja

Do tego ćwiczenia potrzebujesz notesu lub Kroniki Krainy Wdzięczności, które stworzyłem z myślą o Tobie, teraz możesz, odebrać je odwiedzając, stronę: https://online.grzegorzjaszewski.pl/KKW.

Każdego wieczoru, przed pójściem spać, wytęż swoją uwagę, kierując ją ku oddechowi, utrzymując zrelaksowaną postawę.

Jeśli czujesz się komfortowo, zamknij oczy lub przymruż swoje spojrzenie, kierując je na stały punkt na ziemi, podłodze około trzech stóp przed sobą.

Weź kilka głębokich oddechów, zwracając uwagę na wdech i wydech.

Przemyśl wydarzenia dnia. Wizualizuj sobie te wydarzenia w momencie ich wystąpienia, pamiętaj, aby zwracać szczególną uwagę na momenty zawierające akty dobroci, śmiechu oraz piękna. Kiedy zauważysz te wydarzenia, zwróć uwagę na to, jak Twoje ciało się czuje.

Zwróć uwagę na odczucia, których skosztowałeś właśnie w tym momencie. Jakie myśli pojawiają się w Twoim umyśle?

Po zakończeniu przeglądu dnia delikatnie zwracaj uwagę na swój oddech. Otwórz oczy i zapisz obserwacje w dzienniku.

Praktyka Kronik Krainy Wdzięczności

Zacznij zauważać rzeczy, które zdarzają się każdego dnia, za które jesteś wdzięczny. Te rzeczy mogą być duże lub małe — to nie ma znaczenia. Wielkość tego, co identyfikujesz, nie jest niezbędne do skutecznego praktykowania Wdzięczności, ale zamiast tego zauważasz rzeczy, które możesz docenić w ciągu dnia. Możesz być wdzięczny za osobę, za możliwości, które Ci przedstawiono, za dobrą filiżankę kawy lub herbaty albo może za to, że dzień dobiegł końca i teraz przygotowujesz się do spoczynku w swoim łóżku i odpoczynku pod Twoją ulubioną pościelą.

Każdej nocy, zanim pójdziesz spać, zapisz rzeczy, za które byłeś wdzięczny przez cały dzień. Pamiętaj: one mogą być duże lub małe — to nie ma znaczenia. Zapisz co najmniej trzy rzeczy każdego dnia i raz w tygodniu usiądź i przejrzyj swoje wpisy do dziennika.

Oddech a Wdzięczność

Nawet w najbardziej pracowitych dniach są małe chwile, w których możesz praktykować Wdzięczność. Poświęć chwilę, dwa lub trzy razy dziennie, aby zwolnić i skupić swoją całą uwagę na oddechu.

Zauważ każdy oddech. Obserwuj każdy wdech i wydech, zauważając, że w tym momencie nie musisz robić nic poza oddychaniem. Kiedy Twój oddech skupi Twoją uwagę, po cichu wypowiedz słowo „dziękuję" z każdym wydechem, których powinno być od pięciu do ośmiu, jako delikatne przypomnienie, że w tej chwili jesteś uważny i ukierunkowany. Te ciche „podziękowania" mają służyć jako szybkie przypomnienie o darze Twojego oddechu i o tym, jakie masz szczęście, że żyjesz.

Wykonuj tę praktykę co najmniej trzy razy w tygodniu. Super byłoby, gdybyś kontynuował taką praktykę codziennie po trzy razy.

Przypominanie Wdzięczności

Bardzo łatwo jest o czymś zapomnieć, zwłaszcza gdy próbujesz stworzyć nowy nawyk. Umieszczanie wizualnych przypomnień wokół Twojej strefy głównej lub obszaru roboczego może pomóc Ci być na bieżąco ze swoimi celami. Twórz przypomnienia, które zachęcą Cię przez cały dzień do myślenia o Wdzięczności lub po prostu do zatrzymania i zastanowienia się. Oto kilka pomysłów na przypomnienia o Wdzięczności.

• Noś mały kamień w kieszeni. Kiedy zauważysz kamień, zatrzymaj się na chwilę i zastanów się nad Wdzięcznością.

• Umieść notatkę na ścianie biura, lodówce w domu lub lustrze w łazience, która mówi: „Jestem wdzięcz- ny".

• Ustaw alarm w telefonie, aby aktywował się raz lub kilka razy dziennie jako wskazówka, aby zatrzymać się i zastanowić się nad Wdzięcznością.

• Zaplanuj pięciominutową „wizytę Wdzięczności" w kalendarzu biurowym minimum dwa lub trzy razy w tygodniu. Skorzystaj z funkcji przypomnienia w kalendarzu, aby pomógł Ci być na bieżąco z praktyką.

• Miej „partnera Wdzięczności", osobę, z którą codziennie się kontaktujesz, aby pomogła Ci w identyfikacji aspektów Wdzięczności w ciągu dnia.

Praktyka rodzinnej Wdzięczności

Nie musisz ćwiczyć tylko Wdzięczności. W końcu Wdzięczność dotyczy związków i relacji. Możesz stworzyć postawę Wdzięczności w domu, jako działalność rodzinną.

Stwórz listę Wdzięczności dla swojej rodziny.

Umieść tablicę lub arkusz papieru na lodówce, lub w innej łatwej do znalezienia lokalizacji i codziennie zapraszaj do niej wszystkich członków swojej rodziny. Rzeczy na liście mogą być duże lub małe, to nie ma znaczenia.

Wybierz jeden dzień w tygodniu, aby udostępnić listę podczas wspólnego posiłku.

Twórz nową listę co tydzień.

Lista Wdzięczności

Zawsze istnieje możliwość wyrażenia uznania i Wdzięczności, nawet jeśli minęły lata. Refleksja w stosunku do osób, które Ci pomogły w przeszłości lub obecnie to robią oraz spisanie tego może być potężnym środkiem do pielęgnowania Wdzięczności.

Pomyśl o kimś w swoim życiu, za kogo czujesz się wdzięczny, ale jeszcze tej osobie nie podziękowałeś. Napisz list do tej osoby, wyrażając swoje uznanie dla niej. Daj jej znać, jak wpłynęła na Twoje życie. Jeśli to możliwe, doręcz list osobiście i przeczytaj go przed przekazaniem tej osobie.

Dziękuję Ci — Kroniki Krainy Wdzięczności

Podobnie jak list z podziękowaniem, tak Kroniki Krainy Wdzięczności są fascynującym wyrazem Wdzięczności. Pozwalają Ci, jako odbiorcy, cieszyć się darem / korzyścią i autoryzują osobę, która wniosła doświadczenie do Twojego życia, czyniąc ją rozpoznawalną i docenianą.

Zaaranżuj pudełko z podziękowaniami i przyzwyczaj się do pisania skryptów Wdzięczności. Zapisuj wszystko skrzętnie, tak właśnie stworzysz jeden z rozdziałów Kronik Akaszy, z których ktoś teraz i w przyszłości będzie mógł czerpać moc. Moc z Wdzięczności, którą umiałeś okazać komuś, kto zrobił dla Ciebie coś wartościowego.

ROZDZIAŁ 11

Praktyka i wiedza uczynią Cię Mistrzem

Dziękuję Ci, że dotarłeś do tego miejsca. Starałem się wytłumaczyć rzetelnie, dlaczego zagadnienie Wdzięczności jest według mnie tak ważne i dlaczego zasługuje na uwagę. I myślę, że czujesz wartość tego przekazu. Napiszę o tym, czego doświadczyłem w swoich praktykach, ćwiczeniach, i brzmi to tak: wiedza bez zastosowania w praktyce nie ma żadnej wartości. Po wprowadzeniu to teraz właśnie nastąpił najważniejszy moment naszego spotkania. Przygotowałem specjalnie dla Ciebie materiały, które pozwolą ci wspiąć się na wyżyny Twoich osiągnięć. Życzę Ci także jak najszybszego osiągnięcia wibracji o częstotliwości przekraczającej 700 w skali Log (warto zapoznać się z mapą poziomu świadomości dr. Hawkinsa). Ćwicz, kosztuj, delektuj się praktyką, afirmuj. Doświadczaj miłości, radości, szczęścia i obfitości w każdej dziedzinie swojego życia dzięki tym praktykom. Do dzieła.

Rozpoczynam dzień od Wdzięczności

Rozpoczynam każdy dzień z uczuciem miłości i Wdzięczności w moim sercu. Unikam negatywnych myśli, które sprowadzają mój dzień do szkodliwego poziomu.

Widzę każdy nowy dzień jako okazję do podziękowania wszechświatowi.

Liczę błogosławieństwa, które mnie otaczają i wypełniają moje życie. Doceniam ludzi, którzy czynią moje życie łatwiejszym i lepszym.

Jestem wdzięczny moim przyjaciołom i rodzinie każdego ranka.

Jestem wdzięczny za moją pracę, dom, sąsiedztwo i relacje. Widzę, jak inni cierpią wokół mnie, i skupiam się na pokoju.

Wdzięczność wypełnia mojego ducha, a moja radość wzrasta.

Doceniam pięć zmysłów, które pomagają mi doświadczyć relacji z naszą planetą. Cieszę się, że mogę połączyć się z naturą, ludźmi i zwierzętami.

Mój poranek jest kompletny, ponieważ Wdzięczność zajmuje moje myśli. Korzystam z każdego poranka, aby docenić wartość mojego życie i osiągnięć z niego płynących.

Zastanawiam się nad swoimi doświadczeniami i przeszłością. Wpływam swoimi działania teraz na przyszłość, aby móc doświadczać obfitości w każdej dziedzinie mojego życia. Koncentruję się na pomysłach, które pomagają wzrastać nam wszystkim i skutecznie osiągać nowe cele.

Dzisiaj zaczynam mój poranek z Wdzięcznością i pokojem w moim umyśle. Widzę, jak moja postawa wpływa na cały mój dzień, więc mój poranek to czas refleksji.

Pytania do autorefleksji:

Jak mogę znaleźć czas podczas poranka, aby okazywać Wdzięczność?

W jaki sposób mogę nauczyć moją rodzinę, aby każdego poranka pielęgnowała Wdzięczność?

Co mogę zrobić, aby pozbyć się negatywnych myśli i doświadczeń, które mogą wpłynąć na moje poranki?

Jestem wdzięczny, że mogę przeżyć kolejny dzień

Każdy dzień jest wyjątkowy i budzi błogosławieństwa dla nowych doświadczeń. Nawet te dni, które wydają się negatywne, mają cenne lekcje do przekazania. Jest wiele subtelnych powodów, aby być wdzięcznym za każdy dzień.

Każdy dzień jest kolejną okazją do dzielenia się czasem i doświadczeniami z tymi, których kocham. Bliskość moich przyjaciół i rodziny utrzymuje mnie w trudnych sytuacjach i sprawia, że częściej się uśmiecham. Każdy dzień, który mogę spędzić z tymi, których kocham, jest cenny.

Życie przez kolejny dzień oznacza, że mogę cieszyć się pięknem natury, która ciągle się zmienia i jest dla mnie stałym źródłem zdumienia. Czuję się spokojny i spełniony, kiedy doświadczam świata przyrody.

Każdego ranka budzę się w oczekiwaniu na to, co czeka mnie właśnie dzisiaj. Nie mogę przewidzieć, co może przynieść życie, i to czyni moje życie tak interesującym.

Kolejny dzień na ziemi to kolejny dzień radości! Rozumiem, że życie jest krótkie i szybko mija. Jestem zdeterminowany, aby jak najlepiej wykorzystać każdy dzień. Jestem wolny od zmartwień i trosk. Perspektywa przeżycia kolejnego dnia napełnia mnie ekscytacją.

Dzisiaj czekam na kolejny ciekawy i znaczący dzień. Korzystam z mojego czasu mądrze i cieszę się procesem życia. Staję w obliczu wyzwań z uśmiechem w duszy i na twarzy. Jestem wdzięczny, że mogę przeżyć kolejny dzień.

Pytania do autorefleksji:

Czego nauczyłem się z trudnych czasów w moim życiu?
Kiedy w przeszłości czułem się beznadziejny? Dlaczego w końcu coś się poprawia?
Czego muszę się spodziewać w moim życiu?

Podsycaj Wdzięczność, aby stworzyć nagrodę pozytywnej zmiany w swoim życiu

Konsekwentna Wdzięczność jest jednym z najpotężniejszych narzędzi, których możesz użyć, aby jutro Twój świat stał się bardziej promienny. Wdzięczność nie jest jednak magicznym skrótem. Nie musi to powodować żadnych zmian poza tymi zachodzącymi w Tobie. Jednak to, czego może dokonać Wdzięczność, otwiera Cię na inne możliwości.

Gdy staniesz się świadomy mnogości błogosławieństw już obecnych w Twoim życiu, możesz coraz mocniej skupiać się na obfitości. To może postawić Cię na drodze do stanu psychicznego bogatego w optymizm.

Ta przemiana ma miejsce, gdy zaczynasz wyrażać prawdziwą Wdzięczność innym i zaczynasz czuć Wdzięczność za wszystko, co w Twoim życiu przynosi Ci radość.

Zostań wrażliwy na obfitość

Świetnym sposobem na zwiększenie świadomości obfitości, którą już masz, jest uruchomienie Kronik Krainy Wdzięczności. Nie musisz czekać, aż coś wspaniałego wpadnie do Twojego życia, aby to docenić. Zamiast tego otwórz notatnik raz dziennie i poświęć kilka minut na zapisanie wszystkiego, za co jesteś wdzięczny.

Możesz czuć się wdzięczny za wszystkie napotykane doświadczenia, nawet te małe. W dni, kiedy myślisz, że nie masz absolutnie nic do docenienia, możesz tworzyć kolekcję z małych rzeczy. Na przykład zwróć uwagę na powietrze, którym oddychasz, lub na jedzenie w spiżarni.

Kiedy zdasz sobie sprawę, że jest tak wiele rzeczy, za które możesz być wdzięczny, przekonasz się, że możesz myśleć o coraz większej liczbie błogosławieństw w swoim życiu.

Po kilku tygodniach kontynuowania notatek w ten sposób może

się okazać, że spontanicznie wpadasz na tory „powodzenia".

Niektórzy guru New Age powiedzą Ci, że Twoje nowe znalezione szczęście wynika z „pozytywnych wibracji". Zamiast tego prawdopodobnie ma to więcej wspólnego ze szkoleniem mózgu i dostrzeganiem możliwości. Przekonałeś swoją podświadomość, że płyniesz na fali dostatku. Czemu nie? Zasługujesz na to!

Wdzięczność to narzędzie

Wdzięczność może sprawić, że staniesz się silniejszą osobą. Korzystaj z Wdzięczności, aby uzbroić się w narzędzie na wypadek negatywnych i trudnych czasów. Skup się na tym, co masz, a nie na tym, czego nie masz.

Badanie opublikowane w „Journal of Personality and Social Psychology" zatytułowane „Liczenie błogosławieństw, a obciążenia: eksperymentalne badanie Wdzięczności i subiektywnego dobrobytu w życiu codziennym" wykazało, że ci, którzy zachowali wdzięczną postawę, doświadczyli większego dobrostanu fizycznego i psychicznego.

Badania twierdzą, że codzienna Wdzięczność zwiększa poczucie własnej wartości. Zmniejsza także materializm, zawiść i tendencje egocentryczne. Wdzięczność może również pomóc w tworzeniu bardziej znaczących relacji i generowaniu kapitału społecznego. Ludzie, którzy konsekwentnie wyrażają Wdzięczność, są bardziej pozytywnie naładowani niż ci, którzy tego nie robią.

Jeszcze inne badania sugerują, że gdy kultywujesz Wdzięczność, jesteś bardziej skłonny do wzrostu w odpowiedzi na stres, zamiast się kurczyć.

Kodując w głowie to, za co jesteś wdzięczny, możesz zmniejszyć stres. Kiedy aktywniej radzisz sobie ze stresorami, inni zauważą Twoje nowe, pozytywne walory.

Wszystkie te efekty łączą się, by stworzyć nowe możliwości w Twoim życiu, których inaczej byś nie zauważył. Więc idź dalej: rozpocznij prowadzenie swoich Kronik Krainy Wdzięczności i pozwól, aby stres się rozpłynął. Otwórz się na możliwość obfitości. Będziesz zadowolony, że to zrobiłeś!

5 korzyści z prowadzenia Kronik Krainy Wdzięczności

Uruchamianie i utrzymywanie Kronik Krainy Wdzięczności może być trudnym zadaniem do podjęcia. Jednak może tak być jedynie na początku, ponieważ jest to coś innego, o czym trzeba pamiętać, aby robić to minimum raz w tygodniu. Po jakimś czasie wysiłek, jaki włożysz w okazywanie Wdzięczności każdego dnia, nabierze wartości i będzie Ci służył na dłuższą metę. Staraj się robić to co wieczór, aż stanie się to nawykiem. Najlepszy moment na rozpoczęcie prowadzenia Kronik Krainy Wdzięczności jest właśnie teraz.

5 korzyścizprowadzeniaKronikKrainy Wdzięczności:

Zwiększają pozytywy

Kiedy piszesz rzeczy, za które jesteś wdzięczny w swoim życiu, naturalnie stajesz się bardziej optymistyczny i pewny siebie. Skupianie się na dobru w Twoim życiu daje mniej mocy negatywnym emocjom i więcej mocy pozytywnym. Chociaż pozytywne myśli mogą przepływać przez Twoją głowę przez cały dzień, poświęcenie czasu na zapisanie ich czyni je bardziej konkretnymi.

Poprawiają sen

Spędzanie kilku minut, tuż przed pójściem spać, na zapisanie rzeczy, za które jesteś wdzięczny, po- może uspokoić Twój umysł i złagodzić wszelkie lęki, które występują u Ciebie w ciągu dnia. Spokojny i wdzięczny umysł pozwoli Ci szybciej zasnąć. Wykazano, że Wdzięczność wywołuje reakcję relaksacyjną i udowodniono, że jest silnym środkiem wspomagającym sen.

Poprawiają samoocenę

Kiedy skupiasz się na negatywnych rzeczach w swoim życiu, możesz bardzo łatwo poczuć się przytłoczonym. Zwykle jesteśmy bardziej wymagający wobec siebie niż inni wobec nas, ale prowadzenie Kronik Krainy Wdzięczności może pomóc Ci skupić się na własnych osiągnięciach. Okazywanie Wdzięczności może pomóc w ograniczeniu naturalnych tendencji, które musimy porównać do tych, które nas otaczają, co może być szkodliwe dla naszej samooceny. Kiedy okazujesz Wdzięczność za to, co masz, będziesz odczuwać mniej urazy i zazdrości wobec innych i mieć większe poczucie własnej wartości.

Zmniejszają stres

Skupiając się na uczuciach zadowolenia i satysfakcji, naturalnie przeciwdziałasz stresowi. Podczas gdy wciąż będziesz musiał radzić sobie z wyzwaniami w swoim życiu, implementacja Wdzięczności pomoże Ci lepiej sobie z nimi radzić.

Polepszają zdrowie

Wdzięczni ludzie żyją zdrowiej i żyją dłużej niż ich niewdzięczni partnerzy. To dlatego, że mają motywację, aby lepiej dbać o siebie. Wdzięczni ludzie odczuwają mniej dolegliwości i są bardziej skłonni do zdrowego odżywiania i ćwiczeń fizycznych.

To tylko niektóre z wielu korzyści płynących z prowadzenia Kronik Krainy Wdzięczności. Jeśli jeszcze ich nie posiadasz, stwórz je natychmiast, od dzisiaj możesz żyć szczęśliwszym i zdrowszym życiem.

Proste ćwiczenia na rozpoczęcie praktykowania Wdzięczności właśnie dzisiaj

Kiedy zaczynasz przyzwyczajać się do wykonywania wszystkiego na wysokim poziomie, przeoczasz małe rzeczy w życiu, które sprawiają, że warto żyć. W końcu nie doceniasz błogosławieństw w swoim życiu i zapominasz wchłonąć cenne chwile z tymi, których kochasz. Ćwiczenie Wdzięczności może nie tylko pomóc Ci poczuć się bardziej zakorzenionym i spokojnym, ale może również poprawić Twoją zdolność dzielenia się miłością z innymi.

Oto kilka prostych ćwiczeń Wdzięczności, które mogą sprawić, że poczujesz się szczęśliwszy.

Ćwiczenie 1

Zidentyfikuj trzy rzeczy, które doceniasz.

Poświęć chwilę, aby zidentyfikować trzy rzeczy w twoim życiu, za które jesteś wdzięczny i do których masz szacunek. Te rzeczy mogą być oparte na chwili obecnej, przeszłej lub przyszłości. Chociaż żadna kategoria lub rzecz nie jest zbyt duża ani mała, istotne, abyś był konkretny i odczuł ją w swojej Wdzięczności.

Ćwiczenie 2

Zidentyfikuj trzy rzeczy, które postrzegasz za otrzymane.

Wszyscy uważamy rzeczy za coś oczywistego w naszym życiu. Poświęć trochę czasu na refleksję nad tymi rzeczami i odkryj, które z tych rzeczy najbardziej cenisz. To może być cokolwiek. Możesz przyjąć za pewnik, że jesteś w dobrym zdrowiu fizycznym lub, że masz dobrze płatną pracę.

Ćwiczenie 3

Zidentyfikuj trzy rzeczy, które doceniasz w sobie.

Dzięki naszej ciągłej potrzebie porównywania się z innymi może to stanowić wyzwanie. Poświęć trochę czasu, aby pomyśleć o rzeczach, które w sobie cenisz. Mogą obejmować Twoją osobowość, Twoje codzienne działania, Twoje cechy lub cokolwiek innego. Ważne, aby było to coś, co jest bezpośrednio związane z Tobą.

Ćwiczenie 4

Zidentyfikuj trzy rzeczy, które pomagają Ci być wdzięcznym we właściwym momencie.

Aby kultywować Wdzięczność, konieczne jest by- cie tu i teraz. Poświęć czas na przemyślenie tego, co możesz docenić w swojej obecnej sytuacji. Pomyśl o czasie, który poświęcasz dla swojego zdrowia, pomyśl o środowisku, pomyśl o wszystkim, co odnosi się do chwili obecnej.

Ćwiczenie 5

Zidentyfikuj trzy osoby, które są znaczące w Twoim życiu.

Pomyśl o wszystkich ludziach, których poznałeś w swoim życiu. Mogą to być trenerzy, nauczyciele, mentorzy, członkowie rodziny, przyjaciele. Zadzwoń do tych ludzi i poświęć trochę czasu, aby zastanowić się, jak wpłynęli na Twoje życie.

Ćwiczenie 6

Utwórz kartki z podziękowaniami.

Twórz kartki z podziękowaniami dla tych trzech osób, które miały wpływ na Twoje życie. Nie musisz ich wysyłać. Zapisanie Twojej Wdzięczności będzie bardzo korzystnie oddziaływać na Twój rozwój w tej sferze.

Ćwiczenie tych sześciu praktyk regularnie pomoże Ci rozwijać Wdzięczność i poprowadzi Cię do zdrowszego i szczęśliwszego życia.

Dobre rzeczy dzieją się w moim życiu

Każdego ranka liczę moje błogosławieństwa. Jestem pełen Wdzięczności, gdyż uważam, że same pozytywne rzeczy dzieją się w moim życiu. Jestem szczęśliwą osobą. Zasługuję na to, aby w moim życiu działy się pozytywne rzeczy. Jestem błogosławiony.

Ilekroć czuję się nieswojo, przypominam sobie o cudownych rzeczach, których doświadczam każdego dnia. Mogę szybko wymienić wiele rzeczy w moim życiu, które są niesamowite i warte Wdzięczności.

Przypominanie sobie o własnych błogosławieństwach utrzymuje we mnie pozytywne wibracje i poprawia nastrój. Mogę zmienić nastrój poprzez skupienie się na dobrych rzeczach dziejących się w moim życiu.

Pracuję pilnie każdego dnia, aby mieć pewność, że zasługuję na wspaniałe życie. Dobre rzeczy są bardziej prawdopodobne, gdy wykonam swoją część inwencji.

Unikam polegania na szczęściu, bo jestem najszczęśliwszą osobą, jaką znam. Dobre rzeczy po prostu wydają mi się przytomne, kiedy najmniej się ich spodziewam.

Nawet negatywne sfery mojego życia poprawiają się każdego dnia. To ulepszenie przekształca negatyw w pozytywną siłę. Ulepszenie jest bardziej znaczące i bardziej osiągalne niż doskonałość.

Dzisiaj pławię się w swoim szczęściu. Staram się dzisiaj pobudzić umysł i ducha, doceniając moje życie. W moim życiu dzieje się teraz wiele dobrych rzeczy. Jestem pewien, że jeszcze więcej dobrych rzeczy nadejdzie.

Pytania dotyczące własnej refleksji:

Jakie są trzy wielkie rzeczy w moim życiu? Dlaczego je doceniam?

Co się dzieje, gdy skupiam się tylko na moich wyzwaniach? Dlaczego czasami skupiam się na negatywach? Czy wierzę, że to pomaga?

Gdybym poświęcił więcej uwagi pozytywnym rzeczom w moim życiu, jaki byłby prawdopodobny wynik tego działania?

7 sposobów na ćwiczenie Wdzięczności

Kiedy masz do czynienia z trudną sytuacją, wyzwaniem może być dostrzeganie pozytywów. W tym właśnie momencie może pomóc Ci Wdzięczność. Nie oznacza to, że jesteście wdzięczni za trudności, ale powinieneś okazać Wdzięczność za pozytywne rzeczy, które się dzieją w Twoim życiu, nawet jeśli są małe. Wdzięczność może pomóc Ci zobaczyć Twoją obecną sytuację w sposób, który zmniejszy panikę i otworzy Twoje myślenie na nowe rozwiązania w obecnej chwili.

Oto 7 sposobów na ćwiczenie Wdzięczności.

Ćwiczenie nr 1

Poświęć chwilę, aby zauważyć swój codzienny świat z punktu widzenia Wdzięczności. Kiedy zaczniesz patrzeć na rzeczy z Wdzięcznością, będziesz zdumiony tym, ile jest dobroci w Twoim życiu, którą prawdopodobnie przyjmujesz za pewnik.

Ćwiczenie nr 2

Stwórz Kronikę Krainy Wdzięczności. Prowadzenie Kroniki Krainy Wdzięczności nie wymaga niczego więcej, jak tylko poświęcenia kilku chwil pod koniec dnia na spisanie rzeczy, za które jesteś wdzięczny w swoim życiu. Nie musisz nawet kupować fantazyjnego notatnika, aby dostrzec płynące z tego korzyści.

Ćwiczenie nr 3

Jeśli zidentyfikujesz coś lub kogoś w swoim życiu z negatywną cechą, zmień tę cechę w głowie na bardziej pozytywną. Na przykład, jeśli kojarzysz swoją salę konferencyjną jako zimny pokój, zacznij myśleć o niej jak o sali konferencyjnej z pięknym widokiem.

Ćwiczenie nr 4

Aby praktykować i korzystać z Wdzięczności, musisz także praktykować pokorę. Pokora definiowana jest jako skromna i pełna szacunku. Poświęć trochę czasu na zbadanie, w którym miejscu możesz zastosować pokorę w swoim życiu.

Ćwiczenie nr 5

Każdego dnia powiedz sobie co najmniej jeden komplement. Możesz to zastosować bezpośrednio lub poprzez dzielenie się uznaniem czegoś w swoim życiu. Może to być tak proste jak powiedzenie:
„Uwielbiam to, jak cicho jest rano".

Ćwiczenie nr 6

Kiedy znajdziesz się w trudnej sytuacji, zadaj sobie pytanie, czego możesz się z niej nauczyć? Pomyśl, spójrz wstecz na tę sytuację, bez emocji, określ, za co będziesz wdzięczny.

Ćwiczenie nr 7

Złóż przysięgę, aby nie krytykować, nie narzekać ani nie plotkować przez tydzień. Jeśli się poślizgniesz, zmobilizuj swoją siłę woli i idź dalej. Skup się i poświęć czas, aby zauważyć, ile energii tracisz co dziennie na negatywne myśli.

Nie potrzebujesz żadnego specjalistycznego sprzętu do ćwiczenia Wdzięczności. Wszystko, co musisz zrobić, to użyć swojej głowy, serca oraz po prostu tego chcieć.

5 zaskakujących korzyści zdrowotnych płynących z Wdzięczności

Święta czy jednorazowy incydent to nie jedyny czas, kiedy powinniście praktykować Wdzięczność. Potężne korzyści przynosi Wdzięczność złożona w całoroczne nawyki. Aby cieszyć się wieloma mentalnymi i fizycznymi korzyściami płynącymi z Wdzięczności, wystarczy trochę introspekcji.

5 zaskakujących korzyści zdrowotnych płynących z Wdzięczności:

Korzyść #1 — Więcej cierpliwości

Naukowcy z Northeastern University odkryli, że ludzie, którzy byli wdzięczni za codzienne drobiazgi, byli bardziej cierpliwi i potrafili podejmować rozsądniejsze decyzje w porównaniu do tych, którzy nie czuli się wdzięczni na co dzień.

Korzyść #2 — Poprawione relacje

Poczucie Wdzięczności wobec partnera i odwrotnie może poprawić wiele aspektów Waszego związku, wynika to z ostatnich badań opublikowanych w Journal of Theoretical Social Psychology. Obejmuje to silniejsze poczucie więzi i ogólne zadowolenie ze związku. Bycie wdzięcznym dla siebie może znacznie pomóc Ci w życiu miłosnym.

Korzyść #3 — Lepszy sen

Poczucie Wdzięczności może Ci pomóc lepiej i dłużej spać. Jest to najprawdopodobniej spowodowane tym, że masz więcej pozytywnych myśli, zanim pójdziesz spać, co może pomóc uspokoić układ nerwowy. Jeśli masz zamiar sporządzić listę codziennych Wdzięczności lub stworzyć Kroniki Krainy Wdzięczności, najlepiej jest zrobić to tuż przed snem.

Korzyść #4 — Łagodzi depresję

Wdzięczność jest potężna. Codziennie ćwicząc praktykę „trzech dobrych rzeczy", można zaobserwować znaczną poprawę niskich wibracji i ogólnego szczęścia, czasami nawet w ciągu zaledwie kilku tygodni. Aktywność zachęca do myślenia o trzech dobrych rzeczach lub chwilach, które wydarzyły się w ciągu dnia.

Korzyść #5 — Daje Ci szczęście, które trwa

Liczne rzeczy mogą dać impuls do szczęścia, od komplementu po słodki poczęstunek. Niestety, tego rodzaju natychmiastowe gratyfikacje mogą szybko zniknąć i sprawić, że będziesz pragnął więcej. Wdzięczność jest natomiast czymś, co może prowadzić do bardziej zrównoważonej formy szczęścia, ponieważ nie opiera się na natychmiastowej satysfakcji, ale raczej na stanie umysłu. Jeśli poświęcisz czas na regularne wyrażanie Wdzięczności za rzeczy w Twoim życiu, z większym prawdopodobieństwem zobaczysz długotrwałe szczęście.

Wdzięczność nie wymaga dużego sprzętu do ćwiczeń, ale może znacznie zmienić Twoje życie. Poświęcając zaledwie kilka minut dziennie, aby wyrazić swoje podziękowanie, możesz odnieść znaczące korzyści zarówno w obszarze zdrowia psychicznego, jak i fizycznego.

Jak wykorzystać zalety Wdzięczności?

Wdzięczność to postawa i sposób życia, który ma wiele zalet w zakresie zdrowia, szczęścia i zadowolenia z codzienności. Idzie w parze z uważnością i skupianiem się na docenieniu tego, co mamy teraz, zamiast ciągłej potrzeby posiadania coraz więcej.

Oto kilka sposobów na wykorzystanie zalet Wdzięczności i cieszenie się szczęśliwszym i zdrowszym życiem.

Pomyśl o kimś, kto Ci pomógł

Poświęć kilka minut na zastanowienie się, w jaki sposób ktoś pomógł Ci w życiu. Może to być nauczyciel, rodzic, mentor lub przyjaciel. Zastanów się, w jaki sposób skorzystałeś z jego pomocy. Następnie napisz mu serdeczną kartkę, odwiedź go lub zadzwoń i powiedz mu, jak jego wsparcie poprawi Twoje życie. Jeśli nie masz już kontaktu z tą osobą, zanotuj ją mimo wszystko i trzymaj taką listę jako przypomnienia o Wdzięczności.

Dostrzegaj, spacerując

Poświęć trochę czasu na spacer po ogrodzie lub obcowanie z przyrodą. Idąc, pomyśl, jak natura pomaga nam podtrzymywać życie i czuć się bardziej komfortowo i szczęśliwie. Skup się na Wdzięczności za świeże powietrze, piękne kwiaty lub cień drzewa.

Pomyśl o kimś, kto Ci codziennie pomaga

Może to być rodzic, partner, ukochany zwierzak, najlepszy przyjaciel, lub nauczyciel. Spędź tydzień, obserwując go i skup się na różnych sposobach, które sprawiają, że jesteś szczęśliwszy i bardziej komfortowy w swoim życiu. Okaż mu swoją Wdzięczność, robiąc dla niego coś specjalnego.

Podziel się

Wdzięczność bierze się z zaakceptowania, że masz szczęście w swoim życiu. Dzielenie się tym z innymi, którzy mają mniej szczęścia, ma pozytywny wpływ na wszystkich zaangażowanych. Oddawanie innym jest wspaniałym sposobem na okazanie Wdzięczności za wszystkie dobre rzeczy, które posiadasz w swoim życiu.

Wybierz, aby być wdzięcznym

Ktoś, kto jest wdzięczny, widzi wszystko w swoim życiu, zarówno dobre, jak i złe — jako prezenty. Bycie wdzięcznym oznacza, że patrzysz na porażki i wyzwania jako prezenty, z których możesz się uczyć. Rozumiejąc, że trudności i porażki dają im możliwość nauczenia się czegoś, czego inaczej by się nie nauczyli, i są za to wdzięczni.

Wykorzystanie mocy Wdzięczności nie oznacza, że Twoje życie jest bezproblemowe. To jedynie sposób wpływania na Twój stan emocjonalny i poziom energii dla zwiększenia wydajności i satysfakcji z życia.

5 wskazówek dotyczących utrzymywania Kronik Krainy Wdzięczności

Istnieje wiele udowodnionych korzyści, które można uzyskać, prowadząc Kroniki Krainy Wdzięczności. Czas, jaki poświęcasz na celowe myślenie i spisywanie części swojego życia, które Cię wypełnia, może przynieść znaczny zysk. Porady z tej książki i ulubione pióro pomogą Ci stworzyć Kroniki Krainy Wdzięczności.

Oto 5 wskazówek dotyczących utrzymywania Kronik Krainy Wdzięczności:

Tip #1 — Spraw, aby była to rutyna

Naukowcy obszernie przestudiowali nauki stojące za tworzeniem nawyków. Prowadzenie Kronik Krainy Wdzięczności jako sposób na czucie się szczęśliwszym na dłuższą metę musi być częścią codziennej rutyny. Wybierz godzinę, o której prowadzisz notatki w Kronice i wskazówki dotyczące swojej praktyki, aby pamiętać o codziennym pisaniu. Pisz w Kronice wystarczająco często, aby stworzyć nawyk, ale nie tak często, abyś stał się odporny na wpływ tego, co robisz.

Tip #2 — Notuj szczegółowo

Pisanie w Kronice Krainy Wdzięczności nie powinno być kolejną rzeczą, którą trzeba wykreślić z listy. Jeśli podchodzisz do swojej Kroniki poświęconej wdzięczności w ten sposób, odmawiasz sobie korzyści, które możesz uzyskać z jej praktyki. Bądź obecny i świadomy notatek, które robisz. Pamiętaj, aby szczegółowo opisywać w Kronice i głęboko myśleć o rzeczach, które ostatnio wpłynęły na Twoje życie.

Tip #3 — Zaakceptuj negatywy

Nigdy nie będziesz w stanie całkowicie uciec przed wyzwaniami życia. Każda liczba trudności może wpłynąć na nasze poczucie Wdzięczności. Jeśli jednak spróbujemy przyspieszyć te zmagania lub walczyć na siłę o uznanie, możemy w końcu podsycić emocje porażki i niepokoju. Tak więc, gdy stoisz przed wyzwaniami, pozwól sobie poczuć smak negatywów.

Tip #4 — Odkrywaj Wdzięczność w nieoczekiwanych momentach

Podejmij wyzwanie, aby znaleźć pozytywne cechy w trudniejszych wydarzeniach swojego życia. Celem Kroniki poświęconej Wdzięczności jest pomoc w rozkoszowaniu się owocami życia, ale jest jeszcze większa Wdzięczność, którą możesz odkryć. Na przykład, czy przygotowywałeś się do wyjazdu tylko po to, by dowiedzieć się, że Twój samochód jest sprawny? Znajdź Wdzięczność za to, że nie prowadziłeś pojazdu, kiedy opona była uszkodzona.

Tip #5 — Ćwicz Wdzięczność za właściwe rzeczy

Ludzie, którzy są konsumentami materialnych doznań i bogactwa, rzadziej będą zadowoleni w porównaniu z tymi, którzy są wdzięczni za to, co obecnie mają — to wynik przeprowadzonych badań. Zamiast okazać Wdzięczność za rzeczy materialne ze względu na ich własność, skup się na tym, co Ci dają te przedmioty.

Prowadzenie Kroniki Krainy Wdzięczności pomoże Ci skupić się na pozytywnych aspektach Twojego życia i sprawi, że będziesz szczęśliwszy i ogólnie zdrowszy.

Każdy oddech, który biorę, jest przypomnieniem moich błogosławieństw

Każdego ranka i wieczoru wdycham błogosławieństwa i wydaję Wdzięczność. Oddech powietrza, który wchodzi do mojego ciała, utrzymuje mnie przy życiu i budzi się do nieskończonych możliwości. Cenię i szanuję moje błogosławieństwa życia i siły.

Z każdym oddechem myślę o czymś, za co jestem wdzięczny. Jestem w stanie spędzać na tym wiele godzin dziennie, ponieważ lista jest tak długa.

Kiedy siedzę w obecności moich przyjaciół i bliskich, pobudzam uważność, by zanurzyć się w chwili obecnej. Wdycham ich esencję i radość, jaką wnoszą do mojego życia. Przyjmowanie ich ducha napełnia mnie tak wielkim spokojem i satysfakcją.

Biorę pozytywną energię, która mnie otacza. To mnie buduje i utrzymuje. Zapewnia mi to powód, by przejść przez najtrudniejsze czasy.

W te ciężkie dni w pracy poświęcam chwilę, by medytować o moich osiągnięciach. Przypominam sobie, że choć dzisiaj wydaje się to niemożliwe, moja historia pokazuje, że pokonuję wyzwania.

Posiadam wystarczająco i czuję dosyt.

Dzisiaj jestem uniżony przez całą dobroć, jaką moje życie przedstawia mi każdego dnia. Jest tak wiele powodów do Wdzięczności. Mówię „dziękuję" za błogosławieństwa i moją zdolność dzielenia się nimi ze światem.

Pytania dotyczące własnej refleksji:

Jakie błogosławieństwa dostrzegłem dzisiaj?
Jak oddać wszystkie błogosławieństwa, które otrzymuję?
Za jakie rzeczy materialne i duchowe jestem najbardziej wdzięczny?

5 top wskazówek do pobudzenia Wdzięczności i zwiększania szczęścia

W obliczu presji i wymagań codziennego życia potężnym wyzwaniem może być zatrzymanie się i zastanowienie nad tym, za co jesteśmy wdzięczni w naszym życiu. Kiedy uda nam się tego dokonać, możemy okazać Wdzięczność za to, co mamy, doświadczając dzięki temu niesamowitych korzyści.

Oto 5 Top do pobudzenia Wdzięczności i zwiększania szczęścia:

Zatrzymaj się i rozejrzyj

Prostym sposobem na pielęgnowanie nawyku Wdzięczności jest poświęcenie chwili czasu w ciągu dnia i zadanie sobie pytanie, za co możesz być wdzięczny w swoim życiu, kim są trzy osoby, za które możesz być wdzięczny w swoim życiu i dlaczego. Jednak nie skupiaj się na liczbach, jeśli możesz myśleć tylko o jednej osobie, to jest w porządku. Najważniejszą rzeczą do zapamiętania jest koncentracja na kilku chwilach i zastanowienie się nad tym, za co jesteś wdzięczny w swoim życiu.

Zacznij od siebie

Spójrz w głąb i na zewnątrz siebie. Sprecyzuj, kiedy możesz kultywować nawyk bycia wdzięcznym, wtedy będziesz mógł zauważyć znaczny wzrost poczucia własnej wartości i pewności siebie.

Pamiętaj, że Wdzięczność nie musi dotyczyć tylko naszych osiągnięć, ale może również dotyczyć cech, które posiadamy.

Dostrzeż coś małego

Nie musisz skupiać się tylko na wielkich i oczywistych rzeczach, za które możesz być wdzięczny w swoim życiu. Pomyśl także o mniejszych rzeczach, które w układance drobnostek tworzą cały element. Otwórz oczy na małe, codzienne szczegóły, które możesz docenić. Pozwalają one dostrzec więcej prostoty w pięknie tego, co nas otacza w życiu, a w szczególności tego, co mamy wewnątrz siebie.

Zrób to spontanicznie

Jedynym sposobem na wyrobienie nawyku Wdzięczności jest trzymanie się go i nie pozwolenie, by stał się jedną z rzeczy, o których zapominasz. Aby uczynić Wdzięczność nawykiem, najlepiej poświęcić minutę rano i znaleźć trzy rzeczy, duże lub małe, za które jesteś wdzięczny w swoim życiu. Następnie, każdego wieczoru, poświęć kilka minut na zapisanie trzech do pięciu rzeczy, za które jesteś wdzięczny w tym dniu.

Wyraź swoją Wdzięczność

Aby naprawdę zwiększyć swoje szczęście, musisz wyrazić swoją Wdzięczność. Spraw, aby inni ludzie byli szczęśliwsi, pokazując, jak bardzo jesteś wdzięczny za ich obecność w Twoim życiu. Nie tylko wywoła to uśmiech na ich twarzach, ale także uczyni Cię szczęśliwszym.

Nie trzeba poświęcać mnóstwo czasu ani wysiłku, aby Wdzięczność przekształcić w nawyk. Podejmowanie nawet małych kroków do pogłębienia swojego szacunku może zwiększyć Twoje szczęście.

Jak rozwój postawy Wdzięczności może poprawić Twoje zdrowie psychiczne?

Wdzięczność jest silnie związana z emocjami, które mogą pomóc Ci cieszyć się lepszym zdrowiem i szczęściem. Odgrywa istotną rolę w pielęgnowaniu relacji i może nawet zainspirować do lepszego obchodzenia się z samym sobą.

Oto jak rozwój postawy Wdzięczności może poprawić Twoje zdrowie psychiczne i sprawić, że będziesz szczęśliwszy w swoim życiu.

Zwiększy soczystość szczęścia

Gdy zaszczepisz Wdzięczność do codziennego życia, wzmocnisz posiadanie bardziej pozytywnej perspektywy i będziesz w wyższym stopniu doceniał codzienne jego drobne momenty. Będziesz mniej skłonny do przyjmowania rzeczy za pewnik i zwiększysz podatność do poruszania w krainie drobnych radości. Dzięki Wdzięczności na Twoje nastroje nie będzie miało wpływu rozczarowanie i szybciej zauważysz jasną stronę swojego życia. Skupisz się na tym, co masz i co warto rozwijać w sobie.

Powiększa satysfakcję z życia

Ci, którzy praktykują codzienną Wdzięczność, wydają się mniej materialni i mają więcej nadziei w życiu. Są również bardziej odporni na przeciwności losu i rzadziej czują się ofiarą, gdy coś nie idzie po ich myśli. Lepsze radzenie sobie z tragediami i kryzysami może pomóc poprawić jakość i doświadczenie w życiu.

Polepsza zdrowie psychiczne i fizyczne

Kiedy jesteś za pan brat z Wdzięcznością, masz mniejsze szanse na cierpienie z powodu lęku i depresji. Z codzienną Wdzięcznością ludzie są bardziej optymistyczni i cieszą się wzrostem energii. Wdzięczność ma również pozytywny wpływ na zdrowie układu sercowonaczyniowego i zdrowie układu odpornościowego oraz skutecznie obniża ciśnienie krwi, zwiększa tolerancję na ból i ma pozytywny wpływ na ciążę.

Zwiększa samoocenę

Ci, którzy odczuwają szczerą Wdzięczność w swoim życiu, mają wyższy poziom szczęścia i dużo większą pewność siebie i poczucia własnej wartości. Bycie wdzięcznym skupia Twoją uwagę na szczęśliwszych, bardziej pozytywnych myślach, które mogą — torując drogę — dać Ci możliwość poczucia się lepiej z samym sobą i pomocy w pozbyciu się negatywnej paniki.

Podwyższa poziomy sukcesu

Ci, którzy mają wdzięczne usposobienie, mają większe szanse na szybsze osiągnięcie swoich celów. Ci, którzy zajmują stanowiska kierownicze, zgłaszają, że okazanie prawdziwej Wdzięczności i podziękowania kolegom poprawia produktywność i motywację zespołu.

Bycie wdzięcznym nie zawsze jest łatwe, ale bez tego życie może być niesamowicie samotne, przygnębiające i zubożałe. Okazanie Wdzięczności może wzbogacić i pobudzić Twoje życie, wznieść, za- inspirować i je przemienić.

4 olbrzymie sposoby na zastosowanie Wdzięczności do zmian swojego życia

To niesamowite, jak jedno, proste działanie afirmatywne może zmienić tak dużo w naszym życiu. Jedną z rzeczy, która może mieć ogromny wpływ na Twoje życie, jest uświadomienie sobie siły Wdzięczności. Ćwiczenie Wdzięczności może wpłynąć na każdy aspekt Twojego życia. Uwaga może zmienić je na lepsze.

4 Olbrzymie sposoby na zastosowanie Wdzięczności do zmian swojego życia:

Wydostań się z paskudnego nastroju

Zamiast się na kogoś wściekać, okazuj mu Wdzięczność. Nie zawsze będzie to łatwe, ponieważ jest to znacząca zmiana postawy. Jeśli ktoś doprowadza Cię do szaleństwa, zamiast się na nie go gniewać, skup się na tych rzeczach, które sprawiają, że jesteś wdzięczny. Takie postępowanie może powoli zmienić Twój nastrój. Okazanie Wdzięczności wobec kogoś, a nie gniewu, nie tylko poprawi nastrój, ale może zmienić związek i poprawić jego sytuację. Sprawdź, jak zareaguje na to druga strona. :)

Przekształcaj relacje

Zawsze ważne jest, aby rozmawiać o swoich problemach ze współmałżonkiem lub innymi. Krytykowanie i wytykanie im ich słabości przez cały czas sprawia, że relacje z nimi szybko tracą na jakości. Zamiast tego, kiedy czujesz potrzebę, by ich krytykować, zatrzymaj się, weź głęboki oddech i uspokój się. Zacznij myśleć o wszystkich powodach, dla których jesteś wdzięczny swojemu partnerowi, towarzyszom rozmowy, a następnie podziel się z nim swoją Wdzięcznością tak szybko, jak to możliwe. Okazywanie Wdzięczności pomoże ci wzmocnić Twoje relacje.

Uważność jest kluczem do bram rodzicielstwa

Wielu rodziców denerwuje się swoimi dziećmi. Niestety zbyt często przekazując swoje frustracje dzieciom, zaszczepiając w nich złe samopoczucie. Zamiast je nieustannie krytykować, poświęć chwilę, aby się dziecko uspokoiło, i zastanów się nad wszystkimi możliwościami, za jakie jesteś wdzięczny swoim dzieciom. Podziel się tymi przyczynami z dziećmi i skorzystaj z okazji, aby je uczyć, zamiast krytykować. Oboje będziecie dla siebie lepsi.

Wykorzystaj przeciwność losu do radzenia sobie z tragedią

Kiedy cierpisz z powodu tragedii, staraj się być wdzięczny za życie, które nieprzerwanie masz. W obliczu katastrof w swoim życiu może być to paraliżujące, ale inicjując zmienność będziesz mógł to przezwyciężyć. Przeżywając smutek, możesz również wyciągnąć coś jeszcze ważniejszego z tragedii. Wdzięczność za swoje życie, które wciąż masz. Miłość do ludzi, których nieustannie masz w swoim otoczeniu oraz uchwycenie ulotnego piękna życia. Wykorzystaj sytuację, aby okazać uznanie dla otaczających Cię osób i ciesz się życiem, gdy trwa.

Dostrzeżenie i zastosowanie praktyk na włączenie Wdzięczności do rytmu swojego życia zmieni je na lepsze.

Błogosławieństwa podążają za mną, gdziekolwiek się udaję

We wszystkich rzeczach jestem błogosławiony i uważam, że warto zwrócić uwagę na całe dobro w moim życiu. Nawet jeśli doświadczam trudnych wydarzeń, zawsze pamiętam, że jestem błogosławiony.

Zawsze mam mnóstwo tego, czego potrzebuję. I często mam więcej niż wystarczająco. Jestem obficie kochany i mam obfitą miłość do dawania w zamian.

Nieskończone zasoby są na wyciągnięcie ręki. W sferze pieniędzy zawsze mam dość, by zaspokoić moje podstawowe potrzeby i wiele moich innych pragnień.

Jeśli doświadczam czasów, kiedy odczuwam brak obfitości, przypominam sobie, że w rzeczywistości mam wszystko, czego potrzebuję. Bez względu na to, czy jestem zatrudniony, czy jestem bezrobotny, jestem z partnerem lub singlem, mam dużo dzieci lub nie mam dzieci, czuję się błogosławiony na wiele sposobów.

Nic, co mogę zrobić, nie może zniszczyć ani zmyć moich błogosławieństw, które przychodzą mi na myśl. Aby być w pełni usatysfakcjonowanym życiem, muszę tylko pamiętać o dostatku, który jest dla mnie dostępny.

Mój wszechświat jest okazały, a moje serce obfituje w promieniującą energię bezwarunkowej miłości. Błogosławieństwa przychodzą do mnie swobodnie i kultywuję za nie Wdzięczność.

Dzisiaj poświęcam czas, aby kontemplować sposoby, w jakie jestem błogosławiony. Regularnie doświadczam Wdzięczności za wszystkie cudowne rzeczy w moim życiu. I szukam okazji, by wykazać tę Wdzięczność, żyjąc z poczuciem obfitości.

Pytania do autorefleksji:

Jak błogosławieństwa manifestowały się w moim życiu w ciągu

ostatnich kilku tygodni?

Jakie są trzy rzeczy, za które mogę być dzisiaj wdzięczny?

Jakie są pozytywne niespodzianki wynikające z wydarzeń, które początkowo postrzegałem jako negatyw?

5 sposobów na kultywowanie Wdzięczności, aby żyć szczęśliwszym życiem

Niektórzy uważają, że gdyby mieli więcej rzeczy, lub mieli więcej szczęścia, byliby bardziej wdzięczni. Jednak liczba rzeczy, które gromadzisz, nie wpłynie na twoją postawę. Wdzięczność to postawa, którą można łatwo kultywować, bez względu na Twoją obecną sytuację.

Oto pięć sposobów na kultywowanie Wdzięczności, aby żyć szczęśliwym życiem.

Uruchom Kroniki Krainy Wdzięczności

Poświęć kilka chwil każdego dnia, aby zanotować pięć rzeczy, za które jesteś wdzięczny w swoim życiu. Te rzeczy mogą przejawiać się w byciu wdzięcznym za przebudzenie o poranku, do poczucia bycia wypoczętym i zdążeniu do pracy na czas. Poświęć chwilę, aby poczuć, jak jesteś przepełniony dodatnią energią, i pozwól, aby to uczucie napędzało Cię do pozytywnej postawy przez resztę dnia.

Zatrzymaj się i poczuj zapach kwiatów

Zmień sposób, w jaki myślisz o swoim dniu, po prostu zatrzymując się i wąchając przez chwilę kwiaty. Aktywnie staraj się złapać pozytywnego bakcyla, zanim poczujesz się przytłoczony negatywnymi myślami lub uczuciami. Wybierz się na spacer i poczuj Wdzięczność za otaczające Cię rzeczy, takie jak tlen dostarczany przez drzewa wokół Ciebie. Ta prosta czynność może dać Ci możliwość spojrzenia na stresującą sytuację w nowy sposób.

Balansuj pozytywnymi myślami

Zanim się zdenerwujesz, co wydawać się może trudną sytuacją, poświęć chwilę, aby przemienić negatywną myśl w pozytywną. Jeśli utkniesz w doznaniach negatywnych, co wydawać się może niekończącą chwilą, potraktuj ją jako szansę na medytację lub wywołaj —

zaimplementuj spokojniejszy stan przed powrotem do domu.

Pożegnaj się z narzekaniem

Zapocznij nowy styl w swoim życiu, powstrzymując się od narzekania przez cały dzień. Wytęż uważność, aby znaleźć jedną dobrą rzecz wśród tuzina negatywnych rzeczy, która może na Ciebie wpływać przez cały dzień. Pozwól się przekształcić dzięki tej nowej postawie.

Komplement kluczem do relacji

Dziel się swoją życzliwością i autentycznym uwielbieniem z kimś blisko Ciebie, bez względu na to, czy jest to przyjaciel czy nieznajomy. Nie tylko będzie to szerzyć miłość do innej osoby, ale także podniesie Cię i popchnie do skupienia się na dobru i pozwoli Ci zbudować jeszcze silniejsze pozytywne relacje ze światem.

Łącząc niektóre z tych ćwiczeń Wdzięczności z codziennym życiem, będziesz mógł poszerzać swoje życie o nowe doświadczenia, co w efekcie pozwoli Ci być głębiej wdzięcznym za każdą chwilę, a następnie dzień.

Moja personalna refleksja ...

Jestem wdzięczny za wszystkie możliwości. Moja postawa odzwierciedla moje szczęście.

Jestem wdzięczny za wszystkie możliwości, które przychodzą mi na myśl. Porzuciłem ideę, że rzeczy muszą być idealne dla mnie, aby być szczęśliwym. Rozumiem, że każda sytuacja składa się zarówno z wyzwania, jak i nagrody.

Opieranie mojego odczuwania dobrego samopoczucia na braku konfliktu w moim życiu jest darem. Zawsze będą wyzwania i nie mogę opóźnić mojego szczęścia z powodu ich obecności.

Wierzę, że sukces łatwo przychodzi tym, którzy podejmują działania z tym, co mają pod ręką. Szanse na małe sukcesy często prowadzą do większych możliwości.

Z tego powodu postanowiłem dostrzegać możliwości związanych z każdą okolicznością. Nawet nieprzyjemne sytuacje mogą prowadzić do lepszych możliwości, które nie byłyby dostępne bez zmierzenia się z wyzwaniem.

Wiem, że wyzwania uczą mnie cierpliwości i innych umiejętności, których potrzebuję, aby maksymalnie wykorzystać moje życie.

Przeszkody pomagają mi się rozwijać.

Z zadowoleniem przyjmuję wszystkie wyzwania i jestem otwarty na dobro, które czeka na mnie z każdą nową szansą.

Odpuszczając oczekiwanie łatwości lub doskonałości, umożliwiam sobie odkrywanie możliwości w każdej sytuacji. Tworzę własne szczęście, nawet w środku wyzwań.

Pytania do autorefleksji:

Czy czekam na doskonałość, aby być szczęśliwym?
Czy postrzegam wyzwania jako przeszkody lub szansę?
Jaka okazja do Wdzięczności umknęła mi niespodziewanie?

Top 10 sposobów Wdzięczności na zwiększenie wartości Twojego życia

Obfitość otacza Cię na wiele sposobów. Niezależnie od miejsca w życiu, jest wiele rzeczy, które dają Ci zadowalanie. za co teraz jesteś wdzięczny? Poświęć chwilę na zastanowienie się nad tym.

Zastanów się, w jaki sposób Wdzięczność uczyni Twoje życie lepszym?

1. Będziesz bardziej entuzjastyczny. Badania pokazują, że gdy badani regularnie zapisywali to, za co byli wdzięczni w Kronikach, posiadali większy entuzjazm do swojego życia niż ci, którzy nie pisali o swojej Wdzięczności. Zaakceptuj swoją Wdzięczność. Będziesz zadowolony, że to zrobiłeś!

2. Poczujesz się bardziej zdeterminowany, aby osiągnąć swoje cele. Kiedy zauważysz, że dostrzegasz dobre rzeczy, z większym prawdopodobieństwem przyłożysz nos do szlifierki i będziesz pracował nad tym, czego pragniesz.

3. Twój poziom optymizmu wzrośnie. Zgodnie z kilkoma badaniami ci, którzy udokumentowali to, za co byli wdzięczni, byli bardziej pozytywnie nastawieni do tego, jak przebiega ich życie i jak będzie się toczyć. Bycie optymistą podsyca twoją pasję do budowania życia, na które zasługujesz.

4. Poziomy energii rosną. Jeśli jesteś wdzięczny, będziesz miał więcej energii, aby stworzyć życie, którego pragniesz. Świadomość tego, za co jesteś wdzięczny, pobudza Twoje wysiłki, aby odkryć wszystko, czym może być Twoje życie.

5. Będziesz zwracał większą uwagę. Bycie wdzięcznym zapewnia, że będziesz bardziej czujny i świadomy tego, jak toczy się Twoje życie, oraz co robisz i jak możesz dalej budować życie, którego szukasz.

6. Odczujesz spadek poziomu stresu Kiedy żyjesz w stanie Wdzięczności, rzeczy, które kiedyś Cię stresowały tracą moc. Zamiast tego będziesz głęboko zakorzeniony w cudownym świecie, w którym żyjesz.

7. Poczujesz więcej zadowolenia z życia. Ci, którzy świadomie doświadczają Wdzięczności, zmniejszają możliwość wystąpienia u siebie depresji.

8. Będziesz więcej ćwiczyć. Ci, którzy wykazują poczucie Wdzięczności, mieli więcej raportów o ćwiczeniach niż ci, którzy nie prowadzili Kronik.

9. Łatwiej przyjdzie Ci zapewnienie pomocy innym. Kiedy zauważysz wszystkie pozytywne rzeczy, które Cię otaczają, będziesz częściej pomagać innym. Kiedy Twoja dusza jest zalana światłem i pozytywami, poczujesz bardziej potrzebę bycia tu i teraz dla innych.

10. Odkryjesz życie, którego naprawdę pragniesz. Choć może się to wydawać niezwykłe, badania nad Wdzięcznością wskazują, że ci, którzy mają Wdzięczność w swoich sercach, są bardziej skłonni osiągnąć swoje cele. W miarę wzrostu Wdzięczności budują się Twoje życiowe marzenia.

Otwórz oczy na nagrody, które masz na wyciągnięcie ręki. Kiedy to zrobisz, będziesz żył bardziej satysfakcjonującym życiem. Pozwól sobie poczuć pasję o kolorze jesiennych liści, spokoju padającego śniegu lub cudownego błękitnego nieba. Zwróć uwagę na dotyk ciepłych włosów na skórze lub miłości w uścisku dziecka. Może nawet jesteś wdzięczny za pierwszą filiżankę porannej kawy?

Zacznij teraz tworzyć własne Kroniki Krainy Wdzięczności. Napisz o wszystkim, za co jesteś wdzięczny. Gdy zaczniesz dziękować, Twoje marzenia się spełnią.

Potrzebuję czasu, aby zastanowić się nad moimi błogosławieństwami

Jestem błogosławioną osobą, ponieważ mam więcej, niż kiedykolwiek mogłem sobie wyobrazić. Rzeczy, które mam, kocham i cieszą mnie najbardziej, są rzeczami, których nigdy bym nie był w stanie sobie zapewnić. Dlatego jestem błogosławiony, bo są.

Uznanie, że jestem błogosławiony, jest najważniejszym elementem życia w stanie Wdzięczności. Codziennie poświęcam czas, aby usiąść i pomyśleć o rzeczach, które kocham najbardziej na świecie. Moja rodzina, moje dzieci, a nawet moje materialne osiągnięcia są błogosławieństwami.

Nic nie mogę zrobić, aby zarobić lub zasłużyć na moje błogosławieństwa. Podobnie nic nie mogę zrobić, aby uczynić siebie niegodnym ich.

Piękno błogosławieństw polega na tym, że są one darami danymi mi przez mojego Stwórcę z miłości. Błogosławieństwa są sposobem na odzwierciedlenie tego, jak bardzo jestem kochany i jak wielki jest mój cel.

Jestem pobłogosławiony nawet wtedy, gdy moje konto bankowe jest prawie puste lub sprawy nie idą dobrą drogą. Po prostu oddychanie powietrzem to prezent. Kiedy uważam, że wszystko, co otrzymałem, było błogosławieństwem, przepełniam się Wdzięcznością.

Robię to, aby zatrzymać się każdego dnia i rozejrzeć wokół. Gdziekolwiek jestem, czy to w domu, czy poza nim, wokół mnie jest tyle piękna, nawet rozpatrując przyziemne sprawy i doznania.

Dzisiaj postanawiam cofnąć się o krok i kultywować świadomość moich błogosławieństw. Zwalniam tempo, by uchwycić kruchość życia i dar, który mam. Kiedy poświęcam czas na liczenie moich błogosławieństw, doświadczam prawdziwej Wdzięczności.

Pytania do autorefleksji:

Za co jestem dzisiaj wdzięczny?
Jak mogę powstrzymać się od przyjmowania wielu prezentów za pewnik?
Co to znaczy być błogosławionym?

Jestem wdzięczny za obfitość, której doświadczam codziennie

Jestem pełen radości i Wdzięczności za wszystko, co mam. Jestem błogosławiony, że mam taką potężną obfitość w sobie i w moim życiu.

Każdego dnia poświęcam czas na liczenie wielu moich błogosławieństw. Mam szczęście cieszyć się dobrym zdrowiem, bogactwem i rozkoszą życia. Zasługuję na te rzeczy, ponieważ codziennie działam, aby je pielęgnować. Sprawiam, że moje zdrowie, finanse i szczęście są priorytetem.

Moi przyjaciele i rodzina są potężnym źródłem obfitości. Jestem odbiorcą i dawcą wielkiej miłości, szacunku i podziwu. Ludzie w moim życiu nieustannie przypominają mi o mojej wartość dla świata. Jestem z natury ważny i cenny.

Cokolwiek potrzebuję, tego doświadczam. Wszystkie zasoby, których łaknę, aby żyć ekscytująco i owocnie, są wokół mnie. Moim największym zadaniem jest zidentyfikowanie potrzebnych zasobów, dlatego zaprosiłem do moich działań uważność i koncentrację. Czegokolwiek potrzebuję, z pewnością szybko i łatwo to dostrzegę. Wiem, czego potrzebuję, i wiem, jak to zdobyć.

Podczas gdy cieszę się nieograniczoną obfitością, unikam ciężaru gromadzenia nadmiernych dóbr. Biorę to, czego potrzebuję, ale pozostaję wolny od zachłannego gromadzenia. Życie w ten sposób pozwala mi zachować wolną przestrzeń i czysty umysł.

Dzisiaj dziękuję za wszystko, co mam. Bogactwa świata należą do mnie, bym się nimi cieszył i w razie potrzeby ich używał. Jestem wdzięczny za obfitość, której codziennie doświadczam.

Pytania do autorefleksji:

Co i jaka siła we mnie napełnia mnie uczuciem Wdzięczności?
Jak mogę być bardziej otwarty na dostatek w moim życiu?
Jak i co utrudniało, blokowało mi otrzymywanie obfitości?

Stosując afirmacje w Twojej praktyce Wdzięczności, wprowadzisz spokój do swojego życia

Za co warto być wdzięcznym?

Rozpoczęcie dnia z pewnymi afirmacjami Wdzięczności to świetny sposób na przypomnienie sobie wszystkich wspaniałych rzeczy, które masz w swoim życiu. Kiedy głośno powtarzasz te afirmacje Wdzięczności, energetyzujesz się i nabierasz odwagi, by stawić czoła wszystkim wyzwaniom i przygodom, które może przynieść dana chwila, czy też kolejny dzień.

Potwierdzając swoją Wdzięczność, pomagasz rozpoznać, że możesz mieć to, czego najbardziej pragniesz i potrzebujesz, aby czerpać satysfakcję z każdej chwili swojego życia. Radość, pieniądze, miłość i szczęście należą do Ciebie. Zasługujesz na to!

Afirmacje są łatwe do stworzenia i nie zajmuje to dużo czasu. W ciągu kilku minut możesz turbo doładować swój dzień, lepiej niż filiżanka kawy napędzana rakietą. Koncentrując się nad swoim dobrobytem i dostatkiem, przekroczysz swój najwyższy poziom!

Afirmacje Wdzięczności i stres

Kiedy już zaprosisz afirmacje do każdego swojego poranka (możesz je wypowiadać w dowolnym momencie w ciągu dnia lub nocy), zauważysz, że Twój wewnętrzny świat jest znacznie mniej zestresowany. Kiedy w końcu podświadomie zrozumiesz, że możesz mieć wszystko, czego potrzebujesz i pragniesz, Twój stres zacznie przechodzić w zapomnienie. Twoje negatywne reakcje zostaną wyciszone i uwolnione. Teraz możesz cieszyć się spokojem ducha i beztroską, której nigdy wcześniej nie znałeś.

12 Bardzo skutecznych afirmacji

1. Czuję obfitość Wdzięczności za wszystko, co mam i otrzymuję każdego dnia.

2. Moje potrzeby i pragnienia są hojnie spełniane. Dziękuję za nie.

3. Jestem wdzięczny za harmonię mojego ciał, zdrowie, miłość i

dobroć, które moje życie mi objawiło.

4. Jestem nieustannie zdumiony, jak obfite jest moje życie! i cały czas prosperuję.   Moje obfite błogosławieństwa, jak również moje trudności, czynią mnie lepszym, sil- niejszym i bardziej żywym.

5. Jestem wdzięczny za wszystko, czego doświadczam w tym życiu. Odczuwam, odkrywam, wzrastam.

6. Jestem bardzo wdzięczny za każdą osobę i każdą rzecz w moim życiu.

7. Doceniam wszystko, co mam, i okazuję szczerą Wdzięczność moim bliskim.

8. Wszechświat codziennie wlewa radość w moje życie. Mój kielich jest przepełniony bogactwem, zdrowiem i miłością.

9. Moje życie jest wyjątkowe, unikalne i cudowne. Jestem za to głęboko wdzięczny.

10. Wyraźnie widzę piękno życia, które kwitnie wokół mnie.

11. Składam Wdzięczność za nieskończone skarby dostrzegane i te, których nie dostrzegam.

12. Jestem wdzięczny za moich błogosławionych przodków żyjących przez moją krew.

Użycie powyższych twierdzeń razem z własnymi pomoże Ci prowadzić mniej stresujące i bardziej satysfakcjonujące życie. Spędzanie czasu z pozytywnymi afirmacjami, doceniając wszystko, co masz, i wszystko, co zamierzasz osiągnąć, jest jednym z najłatwiejszych „leków na stres", jakie kiedykolwiek przyjmiesz. Afirmacje nie powodują skutków ubocznych i są bezpłatne. Wybierz pokój w swoim życiu, używając mocy afirmacji i Wdzięczności.

Wyraź swoje uczucia w spokoju z pomocą Wdzięczności

W swoim wierszu „Drzewo zatrucia" wielki poeta William Blake napisał:

„Byłem zły na mojego przyjaciela: powiedziałem o swoim gniewie, skończył się mój gniew. Byłem zły na mojego wroga: nie powiedziałem tego, mój gniew wzrósł".

Kiedy tłumisz swoje uczucia, zarówno pozytywne, jak i negatywne, powstrzymujesz się od bycia wszystkim, czym możesz być. Nie tylko to, ale jeśli internalizujesz swoje emocje, wyrastasz jak to „zatrute drzewo", o którym pisał William Blake.

Nie zasiewaj nasion drzewa trucizny.

Kiedy ukrywasz swoje prawdziwe uczucia, istnieje wewnętrzna presja, która powoduje negatywne emocje, takie jak gniew, uraza, strach i nienawiść, aby pęcznieć i przyjmować do siebie więcej energii potencjalnej. Owoc takich działań zawsze przychodzi, gdy emocje eksplodują na zewnątrz z powodu presji.

Gdy tak się stanie, możesz powiedzieć słowa, których nie masz na myśli, a które mogą zadać głęboki ból tym, których kochasz najbardziej. Możliwe negatywne działania i reakcje, które wynikają z twoich tłumionych uczuć, mogą wypełnić najgrubsze notatniki, co jest jeszcze jednym powodem, aby wyrazić swoje uczucia w sposób pokojowy!

Szczerze wyrażając swoje uczucia, możesz rozproszyć negatywną energię i natychmiast zapoczątkować odczuwanie w sobie większego spokoju. W końcu poczujesz mniej stresu, napięcia i gniewu, gdy wszystkie uczucia z siebie wyrzucisz. Konstruktywne wyrażanie swoich uczuć pomoże Ci mówić z większą wrażliwością i racjonalnie dostrzegać dobro w innych.

Wdzięczność pozwala nam przejść przez drogę wyrażania sie-

bie

Teraz, otwarcie wyrażając swoje negatywne uczucia wiesz, że nie oznacza to, że powinieneś obchodzić się z innymi drastycznie, ubierając gniew w złowieszcze słowa. Nie oznacza to również machania palcami lub oskarżania innych o to, co czujesz. Zamiast tego znajdź bardziej konstruktywny sposób na pozbycie się rzeczy ze swego wnętrza. Być może najlepiej będzie, jeśli napiszesz swoje uczucia i wyślesz je w wiadomości e-mail. Jeśli masz zdolności twórcze, napisz wiersz lub piosenkę o swoich uczuciach. Cokolwiek zrobisz, skup się na problemie, a nie na osobie. W końcu wszyscy popełniamy błędy!

Jeśli uważasz, że nie możesz być tak głęboko otwarty na swoje uczucia, zawsze wyrażaj to, za co jesteś wdzięczny. Na przykład możesz zacząć od komplementu, a następnie stopniowo wyrażać swoje frustracje. Jeśli czujesz, że nie masz za co być wdzięcznym, nie patrzysz wystarczająco głęboko i mocno w samego siebie. W Twoim życiu jest wiele radości, dzięki którym możesz przegonić swoje negatywne emocje. Na przykład, czy miałeś dziś rano odżywcze śniadanie? Wtedy masz coś, za co możesz być wdzięczny! Czy kiedykolwiek miałeś satysfakcjonującą rozmowę z ukochaną osobą, która sprawiła, że zobaczyłeś sytuację nowymi oczyma? Wtedy masz coś, za co możesz być wdzięczny!

Skup się przede wszystkim na tych pozytywnych, satysfakcjonujących doświadczeniach, a następnie wyrażaj swoje uczucia otwarcie i szczerze. Z postawą Wdzięczności za wszystko, co masz, poczujesz się pewnie w swoim prawie do wyrażania tego, co czujesz.

Dlaczego Blake chętnie opowiedział o swoim gniewie swojemu przyjacielowi? Dbał o niego i był wdzięczny, że go ma, więc chciał natychmiast rozproszyć swój gniew. Jednakże, gdy chodziło o wroga, Blake nie był tak wdzięczny i zamiast tego bardzo cierpiał, gdy obudził trujące drzewo wzrastające w swojej duszy.

Pamiętaj, że Twój duch pozostaje w Tobie i wpływa na to, jak myślisz, czujesz i działasz. Więc szukaj pokoju w swoim sercu i umyśle z mocą Wdzięczności, budząc w sobie energię miłości!

Podnieś swój nastrój na wyższy poziom dzięki tym 6 strategiom budowania Wdzięczności

Większość z nas jest stale pod presją ze względu na współczesny pęd życia. To naturalne, że od czasu do czasu czujemy się zmęczeni, a czasem nawet trochę bezsilni.

Dobrą wiadomością jest to, że jest coś tak prostego jak skupienie uwagi na wyzwaniach i uznanie rzeczy, za które jesteś wdzięczny w swoim życiu. Może to natychmiast poprawić Twój nastrój.

Regularne praktykowanie Wdzięczności może poprawić usposobienie, a także zwiększyć poczucie własnej wartości, siłę woli, długoterminowe zdrowie, a nawet poziom sukcesu w życiu!

Pokonaj wewnętrzne rozdarcie dzięki tym praktykom, które pomogą Ci rozwinąć poczucie Wdzięczności:

1. Sporządzaj i zachowuj listę rzeczy, za które jesteś wdzięczny. Następnym razem, gdy poczujesz się zły, sfrustrowany lub nieco przygnębiony, zrób listę i dosłownie licz swoje błogosławieństwa. Tworzenie listy pomaga przestać obsesyjnie myśleć o obecnej sytuacji.
*Nie zatrzymuj się na jednej liście. Zastanów się nad prowadzeniem dziennika, aby rejestrować rzeczy i wydarzenia z Twojego życia, za które jesteś wdzięczny. Z biegiem czasu stworzysz namacalny zapis wszystkich pozytywnych aspektów swojego życia.

2. Rozpocznij dzień od pozytywów. Ustaw odpowiedni ton i ostrość na resztę dnia, poświęcając kilka chwil każdego ranka, aby ukierunkować się na pozytywne rzeczy i doznania w swoim życiu.

*Pytania do siebie mogą być świetnym sposobem na skupienie się na pozytywnych aspektach własnego życia. Dobre pytania, które należy zadać sobie, obejmują: „Co dzieje się teraz z dobrem”, „Jakie możliwości czekają na mnie dzisiaj” lub „Czy jestem wdzięczny za miłość?”.

3. Bądź czujny na dobro wokół siebie. Trudno jest mieć pozytywne nastawienie, jeśli skupisz się tylko na negatywnych wydarzeniach wokół siebie. Postaraj się świadomie szukać dobra we wszystkim,

zwłaszcza w małych, prostych rzeczach, takich jak niewinny śmiech dziecka lub piękno znalezione w naturze.

4. Wykonuj losowe akty uprzejmości. Możesz zwiększyć swoją Wdzięczność, będąc cudzym dowodem Wdzięczności. Ćwicz losowe akty dobroci przez nieoczekiwane pomaganie innym.

*To, co może wydawać Ci się drobną czynnością, może być bardzo dużym aktem hojności dla kogoś, kto jest w potrzebie. Każdego dnia szukaj okazji, aby pomóc komuś innemu. Druga osoba będzie wdzięczna za Twoją hojność, a Ty będziesz wdzięczny za wzrost poczucia własnej wartości i nastroju.

5. Obraz jest wart tysiąca słów. Dlaczego nie udokumentować rzeczy, za które jesteś wdzięczny, wykonując im zdjęcia? Możesz nawet rozpowszechniać dobre myśli, dzieląc się swoimi zdjęciami z Wdzięcznością, udostępniając je na swoich kontach w mediach społecznościowych.

6. Kolekcjonuj nutki Wdzięczności jako luźne zapiski w słoiku. Jesteś zbyt zajęty, aby sporządzać listy z Wdzięcznością lub prowadzić dziennik Wdzięczności? Spróbuj napisać krótkie notatki o Wdzięczności dla siebie i trzymaj je w słoiku!

*Kiedy potrzebujesz zachęcającego słowa, sięgnij po jedną z notatek i przeczytaj ją, aby natychmiast otworzyć nową możliwość postrzegania!

*Gdy rok dobiega końca, spójrz na notatki z Wdzięczności, aby przypomnieć sobie o wszystkich dobrych rzeczach, które Ci się podczas niego przydarzyły . Skup się także na krótszych dystansach czasowych i zapisz swój stan gry na osi linii czasu(dokładnie opisując moment wejścia w proces i stany mu towarzyszące do każdego tu i teraz), a punkt odniesienia kontrolowany na bieżąco pokaże Ci, jakie postępy osiągasz.

W życiu każdego człowieka są trudne czasy, ale regularne praktykowanie Wdzięczności daje Ci moc i inspirację, aby pozostać pozytywnym, gdy pokonujesz wyzwania. To ona będzie werblami, które będą budzić Cię do walki. Po prostu wsłuchaj się w swoją głębię właśnie teraz, czy słyszysz ich dźwięk?

Zawsze mogę dostrzec coś, za co będę wdzięczny

Z zadowoleniem przyjmuję małe prezenty, które życie daje mi każdego dnia. Uznaję piękno, które jest wokół mnie w naturze i ludziach.

Mam szczęście mieszkać w miejscu, które sprzyja hodowaniu pięknych kwiatów. Doceniam ich naturalny zapach.

Jestem wdzięczny za życzliwość, jaką otrzymuję, gdy spotykam nieznajomego. Zdaję sobie sprawę, że mam szczęście, ponieważ mam przywilej spotykania osób, które są miłe bez powodu.

Staram się zachować otwarty i pozytywny stan umysłu. Z otwartym umysłem wyraźnie widzę błogosławieństwa w moim codziennym życiu. Pozytywny umysł może przekształcić większość rozczarowań w lekcje życia, które korzystnie wpłyną na moją przyszłość.

Uwalniając w ten sposób to co uwolnienia potrzebuje.

Jestem wdzięczny za to, co mam, ponieważ wiem, że jest ktoś, kto ma o wiele mniej niż ja. Wiem, że są inni, którzy walczą o przetrwanie.

Dziś uznaję, że Wdzięczność za życie, które mam, wynagradza moją duszę zadowoleniem i szczęściem. Jestem wdzięczny za wszystkich wspaniałych ludzi i rzeczy w moim życiu.

Pytania do autorefleksji:

Za co dziś jestem najbardziej wdzięczny?
Jakie drobne prezenty dzisiaj dostrzegłem?
Jak mogę pokazać swoje uznanie za moje błogosławieństwa?

13 sposobów na powiedzenie „dziękuję"

Jednym z najpotężniejszych zwrotów w każdym języku na świecie jest słowo „dziękuję".

Dzięki temu słowu możesz wyrazić uznanie za miły gest lub przysługę, którą ktoś zrobił dla Ciebie. To słowo ma potężną moc w swojej głębokiej naturze. Gdy chcesz dostrzec więcej możliwości na wyrażanie Wdzięczności, spróbuj jednego z 13 sposobów powiedzenia „dziękuję".

Aby dostrzec możliwości, które w Tobie płyną, wypróbuj moje propozycje.:

1. Uśmiechnij się. Wyraź swoją Wdzięczność z uśmiechem, a druga osoba prawie zawsze także się uśmiechnie. Jeśli ta osoba ma zły dzień, uśmiech może być inicjującym czynnikiem, który zmieni jej ten dzień.

2. Wyślij notatkę. Jeśli jesteś nieśmiały, możesz łatwiej wyrazić siebie za pomocą pisma. Jeśli pisanie Cię przeraża, po prostu napisz krótką notatkę wyrażającą Twoją Wdzięczność. Twoje serdeczne słowa będą oznaczały więcej dla odbiorcy niż najpiękniejsza proza czy poezja. Możesz zacząć od siebie, wysyłając sobie wiadomość sms lub pisząc za pomocą Messengera.

3. Kup wyjątkowy prezent. Poszukaj małego przedmiotu, który możesz dać jako dowód uznania. Jeśli masz obawy dotyczące pozytywnego efektu swoich działań, spróbuj kupić kawę lub wysłać czekoladki. Możesz także poprosić swoich przyjaciół o pomysły.

4. Zaproś znajomych, a może nieznajomych. Powiedz „dziękuję" za spędzony wspólnie czas. Zrób coś, co sprawi im przyjemność.

5. Podziel się swoją historią. Chwal się innym tym, co ktoś dla Ciebie zrobił. Prawdopodobnie usłyszą, jak wartościowo o nich mówisz. Jeszcze lepiej — przechwalaj się nimi przed nimi. Poprawi to ich reputację i zaufanie do samych siebie w tym samym czasie.

6. Zaoferuj przysługę. Pozwól osobie wybrać, jaką przysługą mo-

żesz kogoś obdarować. Niewielka przysługa często pomaga komuś w wielkim stylu.

7. Kup bilet na wydarzenie. Znajdź lokalny koncert lub pokaz budzący pozytywne wrażenia i emocje.

8. Przyczyniaj się do dobroczynności. Dowiedz się, czym pasjonują się Twoi znajomi, a następnie przekaż darowiznę na rzecz odpowiedniej organizacji charytatywnej w ich imieniu.

9. Dodawaj osobisty akcent do wszystkiego, co tworzysz. Powiedz „dziękuję" za każdy drobiazg i za pomocą każdego prezentu to pokazuj. Osoba rozpozna Twój zamysł i doceni gest. Możesz ręcznie wykonać kartkę lub zrobić pokaz slajdów. Stwórz coś sentymentalnego, co naprawdę wyrazi Twoje uznanie.

10. Rozmowa telefoniczna. Czasami wystarczy zwykły telefon, aby przekazać wiadomość. Oprócz rozmowy telefonicznej, aby powiedzieć „dziękuję", dzwoń regularnie i sprawdzaj, jak sobie radzą. Zaoferuj swoją przyjaźń.

11. Daj „dar miesiąca". Dla kogoś, kto zawsze robi dla Ciebie miłe rzeczy, rozważ prezent w postaci subskrypcji na ulubiony magazyn. Możesz również dokonać przedpłaty na subskrypcję klubu „książki miesiąca", który zawiera interesujące kogoś tematy.

12. Podaruj bon podarunkowy. Jeśli masz problem ze znalezieniem idealnego prezentu z podziękowaniami, weź pod uwagę bon podarunkowy z lokalnego centrum handlowego lub sklepu internetowego, który sprzedaje różne produkty. W ten sposób z pewnością bliscy otrzymają coś, co lubią.

13. Upiecz coś w domu. Jeśli lubisz piec, Twoje talenty mogą być słodkim sposobem na okazanie Wdzięczności. Wszyscy doceniają pyszne, domowe desery.

Jedynym ograniczeniem wszystkiego, co może się zdarzyć, jest Twoja wyobraźnia. Jeśli pójdziesz o krok dalej, aby pokazać komuś, że jesteś naprawdę wdzięczny, ten gest zostanie zapamiętany na długi czas. Wzmocnij znacząco związki i relacje w Twoim życiu. Wybierz jeden z tych pomysłów lub wymyśl własny i powiedz „dziękuję" komuś wyjątkowemu w znaczący sposób.

Jestem pełen Wdzięczności i mam jej ogrom

Wszystkie moje potrzeby i wiele z moich zachcianek jest spełnianych. Ludzie, którzy troszczą się o mnie, otaczają mnie, przekazują mi swoją miłość i ja jestem świadomy ich miłości. Z tego powodu jestem pełen Wdzięczności.

Tak wielu ludzi na świecie nie zaspokaja podstawowych potrzeb: żywności, schronienia czy czystej wody. Wielu walczy tylko po to, by przetrwać każdego dnia. Kiedy myślę o tych rzeczach, pamiętam, jak bardzo jestem błogosławiony. Niezależnie od tego, co może przynieść moja przyszłość, dziś mam jedzenie, schronienie, czystą wodę i te dary są godne mojej Wdzięczności.

Każdego dnia poświęcam kilka chwil, aby przypomnieć sobie o swoich błogosławieństwach. Myślę o ludziach, którzy mnie kochają. Poświęcam chwilę na mentalne wysłanie miłości i Wdzięczności do nich wszystkich.

Pamiętam i dostrzegam sposoby rozwiązywania problemów, dlatego życie jest dla mnie łatwe. Mam prezenty i talenty do dzielenia się nimi. Wiele rzeczy przychodzi mi łatwo, nawet jeśli moje życie jest dla mnie wyzwaniem. Inne rzeczy przychodzą mi trudniej, ale wiem, że wszystkie są okazją do nauki.

Celowo kultywuję Wdzięczność także w trudnych sytuacjach życiowych.

Jeśli kiedykolwiek czuję, że moja wartość Wdzięczności spada, a liczenie moich błogosławieństw wydaje się nie pomagać, wychodzę na chwilę z tej drogi, aby zrobić coś dobrego dla kogoś innego. Pomagając innym, przypominam sobie, że świat jest obfitym miejscem. A kiedy o tym pamiętam, jestem wdzięczny.

Dzisiaj jestem wdzięczny za błogosławieństwa w moim życiu. Potrzebuję czasu, aby być świadomym każdego z nich. Z całą otaczającą mnie obfitością jestem pełen Wdzięczności.

Pytania do autorefleksji:

Za co mogę być dzisiaj wdzięczny?
Jak mogę dzisiaj służyć komuś?
W jaki sposób bycie pomocnym dla innych zwiększa moją Wdzięczność?

5 korzyści z Wdzięczności

Okazywanie Wdzięczności może być świetnym sposobem na rozpowszechnianie pozytywnych uczuć w otaczającym nas świecie. Kiedy o tym pomyślisz, osiągnięcie Twoich celów zacznie się od jednej pozytywnej myśli.

Jak się czujesz, gdy ktoś szczerze wyraża swoją Wdzięczność za coś, co zrobiłeś? Czy to nie sprawia, że czujesz się ze sobą dobrze? Takie pozytywne uczucia dodają nam sił, wzmacniają entuzjazm i motywują do osiągania jeszcze więcej.

Poczucie Wdzięczności za to, co masz, może wytworzyć same dobre uczucia i podtrzymać cierpliwość w dążeniu do osiągnięcia celów.

To pokazuje, że dobrze praktykowana Wdzięczność może mieć efekt w postaci efektu kuli śnieżnej.

Oto niektóre z zalet Wdzięczności:

1. Osiąganie celów. Kiedy czujesz Wdzięczność, jest to uczucie trwałe i bezinteresowne. To znacznie więcej niż tylko chwilowa fala pozytywnej energii. Ma ona moc ugruntowania i zapisania się w naszych polach energetycznych, które zapewni świetny impuls do osiągnięcia pozytywnych wibracji.

*Kiedy wyrażasz swoją Wdzięczność innym, upewnij się, że jesteś otwarty i wyrazisty. Ludzie nie wiedzą, o czym myślisz. Słysząc to, możesz to zmienić.

2. Wzmocnione relacje. Jest wiele sposobów na wyrażenie swojej Wdzięczności swoim bliskim, w tym powiedzenie „dziękuję", napisanie listu lub przekazanie im przemyślanego prezentu. Kiedy nauczysz się unikać przyjmowania bliskich za pewnik, będziesz miał długotrwały i pełen miłości związek.

*Okazywanie Wdzięczności jest ulicą dwukierunkową. Dowiedz się, jak skutecznie wyrazić swoją Wdzięczność, i — co jest równie ważne — jak ją otrzymać.

3. Poprawiona komunikacja. Wdzięczność może oznaczać lepszą komunikację uczestniczących istot. Wyrażając swoją Wdzięczność nieznajomym, z większym prawdopodobieństwem zainicjujesz w nich ten sam proces.

*Wdzięczność jest tak potężną jednostką, że może nawet pomóc Ci komunikować się ze zwierzętami! Należy ją docenić.

4. Skuteczniejsza konstruktywna krytyka. Niezależnie od tego, jak wyrażamy konstruktywną krytykę, często sprawia ona, że odbiorca staje się defensywny, a nawet zły. Nikt nie lubi ciosu w ego. W tej sytuacji obudzenie wdzięcznej postawy może zająć dużo czasu. Możesz wyrazić krytykę dość skutecznie, gdy podkreślisz to, co doceniasz, stosując kontrast dobra ze złem.

5. Zachowywanie wspomnień. Możesz zachować wspomnienia w pozytywny sposób, kiedy prowadzisz Kroniki Krainy Wdzięczności. Będziesz mógł cieszyć się wspomnieniami jeszcze raz, podczas czytania o tych szczęśliwych czasach i chwilach w przeszłości.

*Okazuj swoją Wdzięczność każdego dnia.Okazywanie Wdzięczności innym może wydawać się bezinteresownym działaniem, ale jest to coś, z czego również warto korzystać. Kiedy codziennie okazujesz swoją Wdzięczność, zmieniasz swój sposób myślenia.

Weź pod uwagę, że docenisz swoje dobre życie wtedy, gdy większość Twoich myśli pozostanie pozytywna. Negatywne myśli mogą czasami być przytłaczające, ale to, że je masz, nie oznacza, że jesteś złym człowiekiem. Przychodzą one do każdego, ale możesz starać się ograniczyć je do minimum dzięki wdzięcznej postawie.

Jednym ze sposobów okazywania swojej Wdzięczności każdego dnia jest przypominanie sobie o wielkim, pozytywnym obrazie naszego wyższego celu bycia, kiedy pojawiają się negatywne myśli. Jeśli drobna kłótnia z małżonkiem sprawia, że czujesz się rozgniewany i rozgoryczony, weź głęboki oddech i pomyśl przez chwilę, zmieniając punkt odniesienia. Pamiętaj, że argumenty nie są trwałe, a zamiast tego poczuj Wdzięczność za dar tego związku. Wszystko przemija, dobro i zło też, jest ono symboliką ubraną w możliwość doświadczania, to karta dań w najdroższej restauracji Twojej uczty zwanej życiem.

Nasze dni na tej ziemi są policzone, więc musimy pielęgnować czas, w którym żyjemy, i cieszyć się dobrodziejstwami życia każdego dnia, tak jakby to były nasze ostatnie chwile.

Każde działanie, które wykonuję, ma korzenie we Wdzięczności

Moje codzienne działania są celowe. Wybieram przejście przez życie z wdzięcznym nastawieniem. To skupienie pozwala mi utrzymać pozytywne życie.

Kiedy każdego dnia przychodzę do pracy, przypominam sobie, że praca to luksus. Bycie wdzięcznym za zatrudnienie daje mi motywację do pilnej pracy.

Zanim pozdrowię przyjaciela lub nieznajomego, wyrażam Wdzięczność, że mogę ich zobaczyć i porozmawiać z nimi. Moje początkowe wrażenia nadają pozytywny ton naszej rozmowie.

Proste błogosławieństwa życia są dla mnie widoczne przy każdym kroku, który podejmuję. Poruszam się celowo i z entuzjazmem, ponieważ jestem obdarzony zdolnością do chodzenia. Unikam mopowania czyli zatapiam się w swój stan w tu i teraz , którego doznaje, nawet gdy czuję się źle. Moimi krokami kieruje Wdzięczność.

Zachowanie spokoju, kiedy dyscyplinuję moje dzieci, jest czasem trudne. Jednak moje dzieci są cennymi darami, które zasługują na właściwe wskazówki. Używam tego przypomnienia, aby moja misja była jasna, kiedy udzielam im lekcji życia. Kiedy wiedzą, jak wielkim są dla mnie błogosławieństwem, moja praca jest dobrze wykonana.

Dzisiaj dziękowanie jest naturalną częścią mojego życia. Świętuję okazję, by pokazać moje wdzięczne nastawienie. Poznanie dobroci w życiu pozwala mi żyć szczęśliwie i spokojnie.

Pytania do autorefleksji:

Za jakie rzeczy, momenty jestem najbardziej wdzięczny?
Jak wykorzystać swój pozytywny sposób myślenia, aby przeciwdziałać negatywnej energii od innych?
W jakich sytuacjach trudno mi się skupić na byciu wdzięcznym?

Dostrzegam piękno płynące z darów natury

Gdy wychodzę każdego dnia na zewnątrz, rozglądam się. Wdycham powietrze. Czuję wiatr na mojej twarzy. Uderza mnie piękno środowiska naturalnego. Piękno natury otacza mnie ramionami. Dzisiaj może być mój najlepszy lub mój najgorszy dzień. Bez względu na to, natura jest tam, za oknem, czeka, by poprowadzić mnie przez moje życie.

Czuję się wdzięczny za każdym razem, gdy myślę o świecie przyrody. Chociaż wierzę, że zawsze będzie tam dla mnie, wciąż oddycham głodny jej czystej radości, kiedy widzę głębokie fioletowe kwiaty na krzewach lub spadające z nieba płatki śniegu. Bogata, zielona trawa latając, łaskocze mój nos aromatem. To skłania mnie do pozostania na zewnątrz jeszcze kilka minut.

Jeśli niepokojąca myśl mnie dręczy, chodzę po świeżym powietrzu. Oddycham, wydycham, a aromaty natury i pieszczoty wiatru przybywają na spotkanie ze mną. Za każdym razem znajduję to, czego potrzebuję, aby kontynuować mój dzień.

Kiedy jestem twarzą w twarz z naturą, chwilowo zapominam o tym, co działo się do tej pory. Wszelkie niepokojące uczucia, których doświadczałem, rozpływają się. Jestem podtrzymywany przez słodką piosenkę natury.

Dziś obiecuję, że z bliska zauważę tło natury. Kolor nieba, delikatny jej zapach w powietrzu i odgłos wzywających mnie, szumiących drzew na wietrze. Wszechobecne piękno natury podtrzymuje mnie na duchu.

Pytania do autorefleksji:

Czy zdarzają się chwile, kiedy pogrążam się w myślach, że tęsknię za tym, że widzę wszystko, co zapewnia mi natura?

Czy wykorzystuję każdą okazję, aby odpocząć na łonie natury?

Niezależnie od mojego nastroju danego dnia, jak mogę wykorzystać możliwości zwrócenia się do natury o pocieszenie i wsparcie dla mojej duszy?

Jestem wdzięczny za wszystko, co mam

Kiedy zastanawiam się nad wszystkim, co posiadam, zdaję sobie sprawę, że moje bogactwo jest obfite. Czasami zadaję sobie pytanie, jaki obraz i barwy ma moje szczęście? Począwszy od mojego domu, poprzez pracę — moje życie jest pełne wielu rzeczy, które przynoszą mi radość, intrygi i utrzymanie.

Mieszkam w domu, który jest wygodny i kusi mnie swoimi urokami po ciężkim dniu pracy. Wszystko i wszyscy, których kocham, wydają się witać mnie, gdy przechodzę przez drzwi. Jestem natychmiast zregenerowany, kiedy docieram do mojej skromnej siedziby.

Moje życie jest przepełnione bogactwem ponad miarę z powodu pięknych ludzi, których mam w swoim życiu.

Moi bliscy akceptują moje mocne i słabe strony. Mój partner mnie rozumie, a moi krewni są pomocni i wspierający, kiedy ich potrzebuję. Moi przyjaciele są na wyciągnięcie ręki, aby świętować moje sukcesy, mobilizować i wspierać moje działania.

Moja praca wspiera i wzmacnia moje działania. Projekty, nad którymi pracuję, wzbudzają moje zainteresowanie. Jestem tak szczęśliwy, że płacą mi za robienie tego, co kocham. Jeśli chodzi o moją pracę, proszę o szersze możliwości jej doznania.

Dziś sporządzam spis ludzi, miejsc i rzeczy, za które jestem wdzięczny. Ważne, aby uznać wszystko, co mam w tym życiu. Jestem wdzięczny za moje bogactwo.

Pytania do autorefleksji:

Jak często zastanawiam się nad wszystkim, co mam w swoim życiu?

Dlaczego ważne jest, aby okazywać moją Wdzięczność?

Kiedymiałemtrudnościzzauważeniem, za co jestem wdzięczny?

Pokaż swoją Wdzięczność, ubraną w komplementy, innym

Czy lubisz otrzymywać komplementy? Świetnie nadają się do podniesienia własnej wartości i każdy czuje się dobrze, słysząc słowa okazujące czyjś szacunek lub podziw w postaci takiej wartości dodanej. Te kilka słów podnosi nasze nastroje i dodaje nam skrzydeł.

Komplementy potwierdzają, że robimy coś dobrze, a nasze wysiłki są doceniane. Wystarczy tylko chwila, aby zauważyć coś małego u kogoś, ale te kilka słów z pewnością może wpłynąć na dzień tej osoby.

Dowartościuj swoją rodzinę

Okazywanie Wdzięczności tym, których kochasz, ma podwójny cel: pokazuje, jak wdzięczny jesteś za ich życie, a jednocześnie doceniasz specjalną pracę, jaką wykonali.

Oto kilka przykładowych sposobów wyrażenia Wdzięczności:

„Dziękuję za zmywanie naczyń. Świetnie się spisałeś!".

„Naprawdę doceniam Twoją pomoc przy kolacji dziś wieczorem! To był wspaniały posiłek".

„Jestem bardzo wdzięczny za Twoją miłość i wsparcie. Naprawdę pomogłeś mi przetrwać trudny dzień".

Zachęca to zarówno dzieci, jak i dorosłych, aby byli bardziej pomocni. Jeśli zostaną pochwaleni i otrzymają pozytywne uznanie, zamieszka to w nich na dłużej. Regularne słuchanie komplementów uczy również dzieci, jak doceniać ludzi w ich życiu.

Uhonoruj współpracowników

Istnieją dwa rodzaje menedżerów w biznesie: jeden, który docenia swoich pracowników za dobrze wykonaną pracę, a drugi, który oczekuje, że praca zostanie wykonana bez żadnej motywacji i podziękowania z jego strony. Oczywiście wszyscy musimy traktować się nawzajem z szacunkiem i godnością, na które zasługujemy! Jakim Ty jesteś menadżerem?

Oto kilka przykładów, jak wyrazić Wdzięczność w pracy:

„Dziękuję za tak efektywną pracę dzisiaj. Powiem szefowi, jak ciężko ostatnio pracujesz".
„Klient pokochał raport, który napisałeś".
„Naprawdę doceniam to, że poświęcasz czas, aby mi pomóc. To wiele dla mnie to znaczy!".

Komplementy wypowiedziane w biurze mogą być ogromnym motywatorem dla naszych pracowników. Twoi koledzy będą Ci ufać i szanować o wiele bardziej, niż ktokolwiek inny w biurze.

Komplement dla nieznajomych

W dzisiejszym społeczeństwie bardzo niewielu ludzi poświęca czas na nawiązanie rozmowy z nieznajomymi. Musimy pamiętać, że ludzie są wprowadzani do naszego życia codziennie z różnych powodów, a Ty możesz głęboko wpływać na czyjeś nastroje, po prostu będąc dla nich miłym.

Oczywiście prawdopodobnie nie powinieneś ujawniać całej historii swojego życia za pierwszym razem, gdy kogoś spotykasz, ale możesz powiedzieć coś dobrego o osobie, z którą masz kontakt. Okaż swoją Wdzięczność za spotkanie z tą osobą, ponieważ to doświadczenie może nauczyć Cię czegoś nowego o sobie samym.

Oto kilka przykładów, na podstawie których możesz szukać możliwości, aby powiedzieć komuś szczery komplement:

*Czy osoba jest radosna?

*Czy jest naprawdę miłą osobą dla innych?

*Czy dzieci tej osoby są bardzo dobrze wychowane?

*Czy widziałeś tę osobę, by robiła coś dobrego dla kogoś innego?

Kluczem do wyrażenia Wdzięczności jest otwarcie oczu na proste prezenty w ciągu dnia. Zwracając uwagę na działania osób wokół siebie, nie tylko pomożesz innym zdobyć pewność siebie, ale staniesz się znany jako godny zaufania facet lub kobieta.

Postaraj się pochwalić co najmniej jedną osobę każdego dnia. Zaczniesz doceniać małe rzeczy w życiu i rozjaśnisz czyjeś dni w tym samym czasie.

Im bardziej jestem wdzięczny, tym więcej powodów uważam za wdzięczne

Bycie wdzięcznym przychodzi mi łatwo. Znajduję powody, by być wdzięcznym każdego dnia.

Kiedy budzę się rano, mentalnie wymieniam rzeczy, za które jestem wdzięczny w moim życiu. Za każdym razem, gdy doświadczam wyzwania, przypominam sobie o wielu błogosławieństwach. Bycie wdzięcznym czyni moje życie bogatszym i łatwiejszym.

Bycie wdzięcznym za małe rzeczy w życiu jest niezwykłym sposobem na życie. Doceniam małe rzeczy. Uważam, że im bardziej jestem wdzięczny, tym więcej powodów pobudzam do tworzenia nowych pokładów Wdzięczności.

Bycie wdzięcznym nie zawsze jest łatwe, ale jeśli znajdę się w trudnej sytuacji, celowo szukam w niej czegoś pozytywnego. Niezmiennie mogę znaleźć coś dobrego. Teraz mogę się uśmiechnąć w każdej sytuacji i uświadomić sobie, że to prezent.

Kiedy kładę się spać, ponownie zastanawiam się nad tym, za co jestem wdzięczny. Ten prosty zwyczaj zawsze mnie uszczęśliwia i napełnia mnie nadzieją. Moje życie jest takie cudowne.

Jestem błogosławiony. Moje błogosławieństwa są zbyt liczne, by je nawet liczyć. Jestem najszczęśliwszą osobą na świecie. Ciągle otrzymuję dobre rzeczy w życiu. Doceniam wszystko, co mam, i życzę wszystkim, aby byli tak szczęśliwi, jak ja.

Dzisiaj patrzę na moje życie z Wdzięcznością. W każdej sytuacji znajduję pozytyw. Widzę doskonałość w każdym człowieku. I czuję, że świat jest dobry. Im bardziej jestem wdzięczny, tym więcej rzeczy dostrzegam, za które jeszcze mogę być wdzięczny.

Pytania do autorefleksji:

Za co jestem wdzięczny w moim życiu? Za co mógłbym być wdzięczny?

W jaki sposób skorzystałbym z silniejszego poczucia Wdzięczności?

Jak mogę doświadczać i pielęgnować bardziej „soczystą” Wdzięczność?

Niektóre z moich największych błogosławieństw są niewidoczne

Domy i samochody są użyteczne, ale niektóre z moich największych błogosławieństw są niewidoczne. Każdego dnia poświęcam czas na dostrzeganie wewnętrznych i zewnętrznych błogosławieństw.

Moje zdrowie jest cenne. Bycie sprawnym i silnym pozwala mi zapewnić byt rodzinie i wędrować po świecie. Dokonuję wyborów, które pomagają mi prowadzić długie i aktywne życie. Oznacza to dużo odpoczynku, ćwiczeń i zielonych warzyw.

Mój spokój umysłu jest równie bezcenny. Pragnę szczęścia i satysfakcji, które wynikają ze świadomości, że jestem kochany.

Jakość mojego życia ma również wymiar duchowy. Angażuję się w praktyki, które są dla mnie znaczące. Otaczam się ludźmi, którzy dają mi wskazówki i zachęty do ciekawych doświadczeń i wzrostu fizycznego oraz duchowego.

Moje oczy uświadamiają mi wiele wspaniałych rzeczy, liczę też na moje uszy, nos i palce oraz na doznania otrzymywane dzięki nim. Zwracam uwagę na piękne dźwięki, zapachy i tekstury. Słucham pieśni ptaków i dzwonów kościelnych. Czuję kwiaty i świeżo ściętą trawę. Wsuwam rękę w chłodną wodę.

Skupiam się na oddechu, aby zwrócić moją uwagę do wewnątrz. Siadam, aby medytować lub zatrzymać się podczas moich codziennych czynności. Badam przyczyny moich uczuć i dziękuję za nie.

Aby połączyć się ze światem wokół mnie, zwalniam. Zamykam oczy i pozwalam, by uśmiech mojego wewnętrznego dziecka wraz z ulubioną symfonią wypełniły mój umysł i ciało.

Dzisiaj skupiam się na błogosławieństwach, których nie dostrzegałem do tej chwili. Moje serce przepełnia Wdzięczność i radość.

Pytania do autorefleksji:

W jaki sposób moje dobra materialne wpływają pozytywnie na życie innych?

Jakie elementy niematerialne czynią moje życie lepszym?

Jak mogę stać się bardziej wdzięczny za wszystkie moje błogosławieństwa?

Moje błogosławieństwa są niezliczone

Codziennie otrzymuję niezliczone błogosławieństwa. Kiedy przestaję rozważać moje najważniejsze punkty w życiu, jestem pod ich wrażeniem. Moja lista sukcesów znacznie przekracza wszelkie negatywne wydarzenia w moim życiu.

Posiadanie podstawowych umiejętności jest błogosławieństwem, które wielu bierze za pewnik. Moje zdrowe ciało i umysł pozwalają mi codziennie osiągać genialne rzeczy. W pełni wykorzystuję swój czas i jestem wdzięczny za to, że wypełniam moje codzienne zadania i osiągam wyznaczone cele.

Moja ciężka praca skutkuje uznaniem ze strony mojego pracodawcy. Moje wysiłki prowadzą do sukcesu, uznaję to za błogosławieństwo.

Ilekroć odczuwam pragnienie narzekania lub wyrażenia rozczarowania, przypominam sobie, że jestem cudowną istotą dążącą do doskonałości. Podejmując próby, zatrzymuję się i myślę o wszystkich korzyściach życia, których doznaję.

Znajduję błogosławieństwa w najbardziej nieoczekiwanych miejscach. Kiedy patrzę w oczy głodnemu dziecku, jestem wdzięczny za szansę zaoferowania mu posiłku.

Ta szansa pomocy komuś jest sama w sobie błogosławieństwem. To ćwiczenie pokory, które pomaga mi docenić to, gdzie teraz się znajduję. Lubię uczyć się z nowych lekcji życia.

Dziś jestem podekscytowany wszystkimi błogosławieństwami, jakich doświadczam każdego dnia. Jestem zwolennikiem znajdowania dobra w każdej sytuacji. Nadal dziękuję za wszystkie rzeczy, które życie daje mi do wyboru na mojej drodze.

Pytania do autorefleksji:

Jak mogę poprawić swoje zachowanie, gdy narzekam?
Co inspiruje mnie do pozytywnych zmian w moim życiu?
Jak zmienić negatywną sytuację w pozytywną?

ROZDZIAŁ 12

Ten eliksir jest dla Ciebie

Moc Wdzięczności radykalnie zmienia życie milionów ludzi i jest wspaniałym rozwiązaniem, którego można się szybko nauczyć. Kiedy zaczniesz dostrzegać tę siłę energii, która jest wokół nas i w nas, zaczniesz okazywać Wdzięczność za wszystko, co dostrzegasz i dostajesz, budząc w sobie jeszcze większe szczęście i potężne zadowolenie ze swojego życia. Wdzięczność rozbudzi w Tobie potrzebę skupienia, pozwoli nabrać Ci nektaru nadziei na przyszłość, a podekscytowanie nią obudzi w Tobie magiczną siłę odwzajemniania tu i teraz.

Zacznij praktykować postawę Wdzięczności, tchnij w siebie nowe życie i doznania, czyniąc z tak potężnego aktu, jakim jest Wdzięczność, integralną część każdego dnia, budzącą korzyści mentalne, fizycznie, jak i psychicznie.

Dziękuję za wspólnie spędzony czas :)
Grzegorz Jaszewski

Możesz skontaktować się ze mną przez moją stronę internetową:
http://grzegorzjaszewski.eu/

Do zobaczenia

O GRZEGORZU

Grzegorz Jaszewski jest przedsiębiorcą mieszkającym w Wielkiej Brytanii, uwielbia dzielić się wiedzą i pomagać innym w poznawaniu samego siebie.

Grzegorz Jaszewski jest osobą praktykującą w poznawaniu świata i siebie, dostrzegł on klucz, który może otworzyć tajemne drzwi także przed Tobą: jedyną stałą w życiu jest zmiana — jeżeli sam nie wstąpisz na jej ścieżkę, będziesz osobą przez kogoś zmienioną.

Przesłanie Grzegorza Jaszewskiego to kilka słów:
„Wierzę, że wiedza to potęga, każdy powinien polepszać siebie i / lub swój biznes, bez względu na to, w jakim stadium życia się znajduje; bez względu na to, czy ma to poprawić jego umysł, czy też zwiększyć zyski".

Bibliografia:

Algoe, S.B., Haidt, J., Gable, S.L. (2008). Beyond reciprocity: Gratitude and relationships in everyday life. Emotion, 8(3), 425-429.

Bartlett, M.Y., DeSteno, D. (2006). Gratitude and prosocial behavior helping when it costs you. Psychological Science, 17(4), 319-325.

Bretz, S.L., McClary, L. (2014). Students' understandings of acid strength: How meaningful is reliability when measuring alternative conceptions? Journal of Chemical Education, 92(2), 212-219.

Powyżej przedstawiłem trzy pierwsze pozycje z dużej ilości książek, z których korzystałem w trakcie pisania Kodów Wdzięczności. Pełną listę znajdziesz pod linkiem: https://docs.google.com/document/d/13DIrv3SUZ_y5Hmb_WDEUGhR6JHAz7uPuq0TQKm30dw0/edit?usp=sharing

www.ingramcontent.com/pod-product-compliance
Lightning Source LLC
LaVergne TN
LVHW012138060726
842759LV00027B/678